周蓓 主編

專題史叢書

李士豪 屈若搴 著

河南人民出版社

中國漁業史

本書介紹了自清代以來中國漁業發展史，以及民國時期漁業的狀況，并對中國漁業的發展提出建議。

圖書在版編目（CIP）數據

中國漁業史 / 李士豪，屈若搴著．—鄭州 ：河南人民出版社，2018. 6
（專題史叢書 / 周蓓主編）
ISBN 978 -7 -215 -11488 -3

Ⅰ．①中… Ⅱ．①李… ②屈… Ⅲ．①漁業經濟 -經濟史 -中國 Ⅳ．①F326.49

中國版本圖書館 CIP 數據核字（2018）第 069349 號

河南人民出版社出版發行
（地址：鄭州市經五路 66 號　郵政編碼：450002　電話：65788036）
新華書店經銷　　北京虎彩文化傳播有限公司印刷
開本　710 毫米 ×1000 毫米　1 / 16　印張　16.5
字數　208 千字
2018 年 6 月第 1 版　　2018 年 6 月第 1 次印刷

定價：130.00 圓

出版前言

中國現代學術體系是在晚清西學東漸的大潮中逐步形成的。至民國初建，中央政治權威進一步分散和削弱，加之新文化運動帶給國人思想上的空前解放，新學的啓蒙，新知識分子的産生，民國學術如草長鶯飛，進入一個自由而蓬勃的時代。中國傳統學科乃中國學術之根基與菁華所在，民國學人采用『取今復古，别立新宗』之方法，引入西方的學術觀念，積極改造，使史學、文學等學科向現代學術方向轉型。此外，大力推介西方社會科學的新學科和自然科學，在學習、借鑒乃至移植西方現代學術話語和研究範式的過程中，逐漸建立中國現代學科，使中國的學科門類迅速擴展。一時間，新舊更迭，中西交流，百花齊放，萬壑争流，開創了中國現代學術的源頭。

伴隨知識轉型和研究範式轉换而來的，還有學術著作撰寫方式的創新。中國古代的著作向來以單篇流傳，經後人整理匯編後，方以成册成集的面目出現并持續傳播。直到十九世紀末，東西方的歷史編撰體裁不外乎多卷本的編年體、紀傳體和紀事本末體等，章節體的出現標志着近代西方學術規範的産生和新史學的興起。章節體具有依時間順序，按章節編排；因事立題，分篇綜論；既分門别類，又綜合通貫的特點。以章、節搭建起論述之框架，結構分明，邏輯清晰，較傳統的撰寫體裁容量大、系統性强。它的傳入，使中國現代學術體系從内容到形式被納入了全球化的軌道。民國時期專題史的研究、譯介、編纂、出版恰恰是在這樣的背景下欣欣而發，是學術的實驗場，也是歷史的記録儀。編選『專題史』叢書的初衷正是爲了從一個側面展示中國學術從傳統向現代過渡的歷史進程。

專題史是對一個學科歷史的總結，是學科入門的必備和學科研究的基礎，也是對一個時代艱深新鋭問題的解答，是學術研究的高點。民國專題史著作中，既包含通論某一學科全部或一時代（區域、國别）的變化過程的，又囊括對一時代或一問題作特殊研究的，還有少部分是對某一專題的史料進行收集的。原創與翻譯并重，翻譯的底本大多選擇該學科的代表著作或歐美大學普及教本，兼顧權威性和流行性，其中日本學者的論著占據了相當比重。日本與中國同屬東亞儒家文化圈，他們在接納西方學術思想和研究模式時，已作了某種消化與調適，從思維轉換的角度看，更便于中國借鑒和利用，他們的著作因而被時人廣泛引進。

與當代學術研究日趨專業化、專門化、專家化的『窄化』道路迥乎不同的是，中國傳統學術崇尚『學問主通不主專，貴通人不尚專家』的通識型治學門徑，處于過渡轉型期的民國學術在不同程度上保留了這種特徵。民國學術大師諸學科貫通一脉、上千年縱横捭闔之功力自不待冗言，外交家著倫理政治史、文學家著哲學史、化學家著戰争史等亦不乏其人，民國專題史研究呈現出開放、融通、跨界撰述的特點。與此同時必須看到，自晚清以來，中國的命運就在外侮屢犯、內亂頻仍的窘境中跌宕彷徨，民族存亡仿若命懸一綫。這股以創建學科、總結經驗、解決問題爲指歸的專題史出版風潮背後，包裹着民國學人企望以西學爲工具拯民族于衰微的探索精神，及以學術救亡的愛國之心。梁任公曾言：『史學者，學問之最博大而最切要者也，國民之明鏡也，愛國心之源泉也。』這種位卑未敢忘憂國的歷史使命感和國民意識是今人無法漠視和遺忘的。

『專題史』叢書收録的範圍包括現代各個學科，不僅限于人文社會科學，學科分類以《民國總書目》的分科爲標準，計有哲學、宗教、社會、政治、法律、軍事、經濟、文化、藝術、教育、語言文字、中國文學、外國文學、中國歷史、西方史、自然科學、醫學、工業、交通共19個學科門類。本叢書分輯整理出版，內不分科，單本發行，方便讀者按需索驥。既可作爲大專院校圖書館、學術研究機構館藏之必備資源，也可滿足個人研讀或興趣之收藏。

與目前市場已有的一些專題史叢書相比，這次『專題史』叢書具有規模大、學科全、選本精、原版影印的特點。本叢書選目首重作者的首創、權威和著作影響力，尤其注重選本的稀見性。所謂稀見，即新中國成立後沒有再版，且多數圖書館没有收藏，或即便有收藏，也是歸于非公開的珍本之列予以保存，普通讀者難以借閱。部分圖書雖有電子版，但作爲學術研究的經典原著讀本，紙質版本更利于記憶和研究之用。本叢書精揀版本最早、品相最佳的原版圖書作爲底本，因而還具有很高的版本收藏價值。

『專題史』的著作是民國學者對于那個時代諸問題之探究，往往有獨到之處，無論其資料、觀點短長得失如何，要之在中國現代學術史的構建與發展進程中，自有其開宗立論之地位。

序

本人去年曾以所著「中國海洋漁業現狀及其建設」一書，承由商務印書館出版。今年春，蒙該館以編著「中國漁業史」見囑。時客東京，以國內材料徵集不易，又適有他書之輯，因轉約屈君若搴合編，分別徵集材料，並由屈君作成初稿，再由本人編纂整理。屈君服務上海魚市場及漁業指導所，事既繁忙，本人亦人事草草，時作時輟，先後歷時半年，稿凡二易，至近日始竣事。自分淺陋，掛漏之處，在所不免，倘乞讀者進而教之，萬幸萬幸。

本書編著，承友人王君貽觀、王君崑、張君寶樹、袁君幹君及日友田中忠夫、堀江邑一二先生代爲蒐得不少材料，袁君且在編纂冗忙中爲向北平圖書館中抄錄材料以寄，均所至感，謹附致謝忱。

一九三六年十二月十日李士豪於上海

插圖

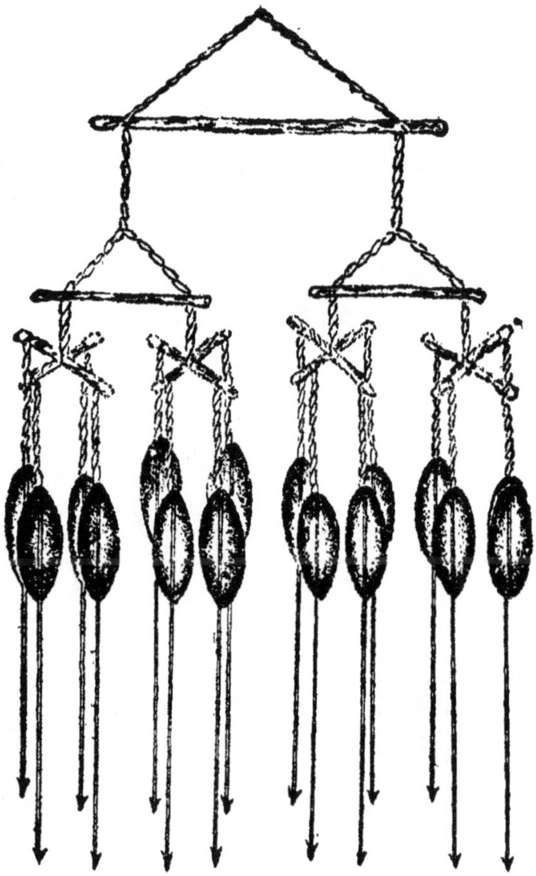

第一圖　竹蟶鍬

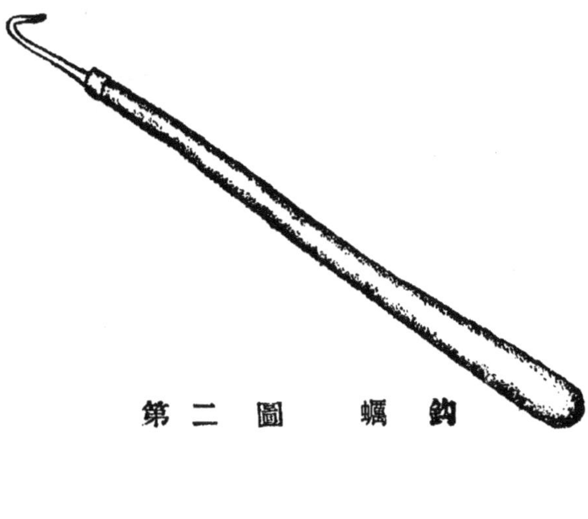

第二圖　蠣鈎

第三圖　鮮扒

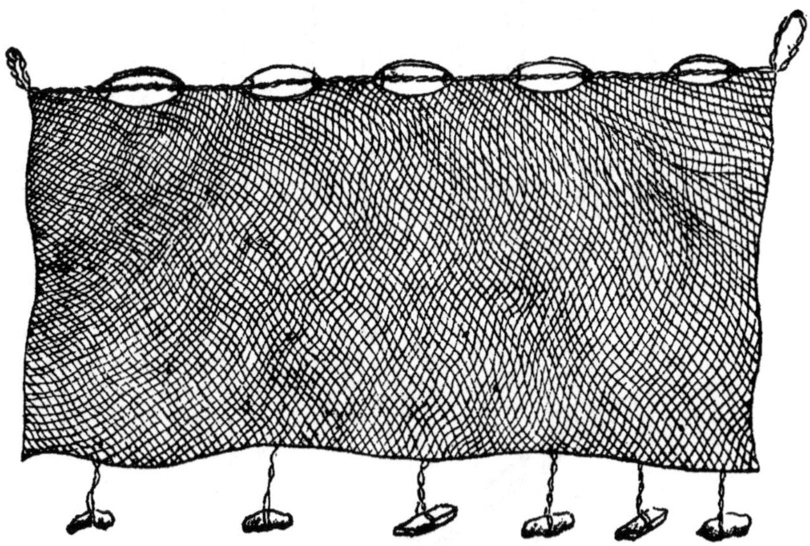

第四圖　𦁤

說明：簾之製似簾故名𦁤長約十丈闊約六丈其形有目無袋上繫以槅使之浮下繫以磚使之墜兩旁有耳備與各𦁤相連

第五圖　縑

說明：春夏之交魚產南來漁人佈縑於東湧島橫山島之海中每船載縑一百二十張分爲三標橫連水中以捕魚所捕之魚如白魴黃魟鰻䱡魴魦蛈等類按製縑之法有目無袋黃魟首大尾小性喜退不喜進觸縑則退然兩腮掛縑不能退白魴首小腹大性喜進不喜退觸縑則進其腹掛縑鰻魚性猛觸縑即欲斷縑之線至齒掛身軟口開不動䱡魚耳聾喜聽黃魟之聲聽至觸縑而止魴魦性貪食近縑食魚致身受縛蛈性喜鉗觸縑即以兩足鉗之此佈縑捕魚之用法也

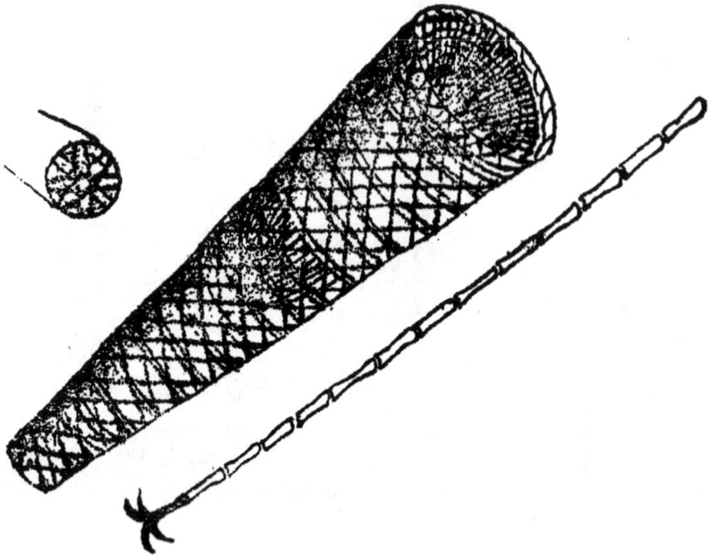

第六圖　鱘簖

說明：鱘簖編竹爲之上大而下小外層倒向口稍大內層亦倒向口微狹中置一雄鱘以爲媒下有尾蓋以蓋之四股鐵鉤以爲鉤簖之用

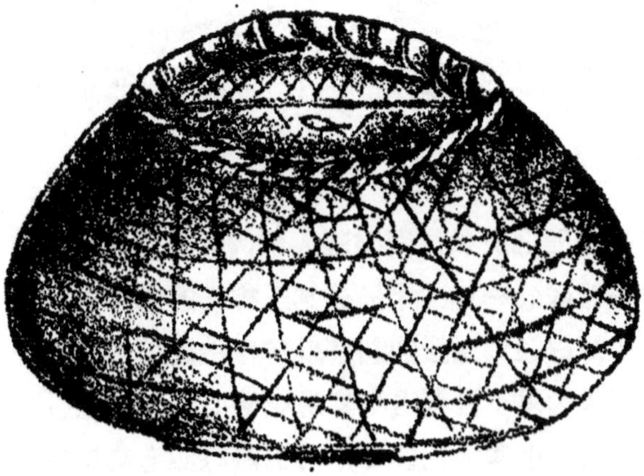

第七圖　黃螺簍

說明：黃螺簍製法以竹絲作簍高約四寸大約尺許簍口橫兩小竹以貫魚餌簍底置一石以免顚倒

第八圖　烏鰂簍

說明：烏鰂俗名墨魚捕之之法於潮水初漲時駕小舟載簍數十箇貫以長繩繫於礁䃠簍內置一牝烏鰂牝烏鰂伏簍作聲牡烏鰂性極淫聞之卽尋聲而至入簍中潮水退後收簍取之

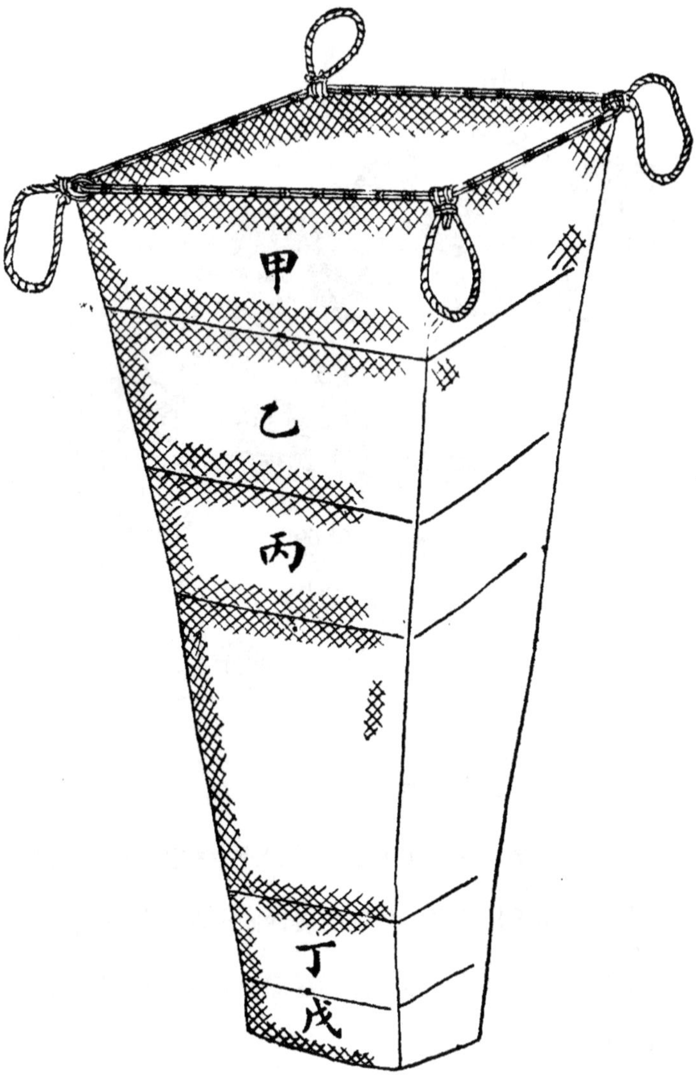

第九圖 長網

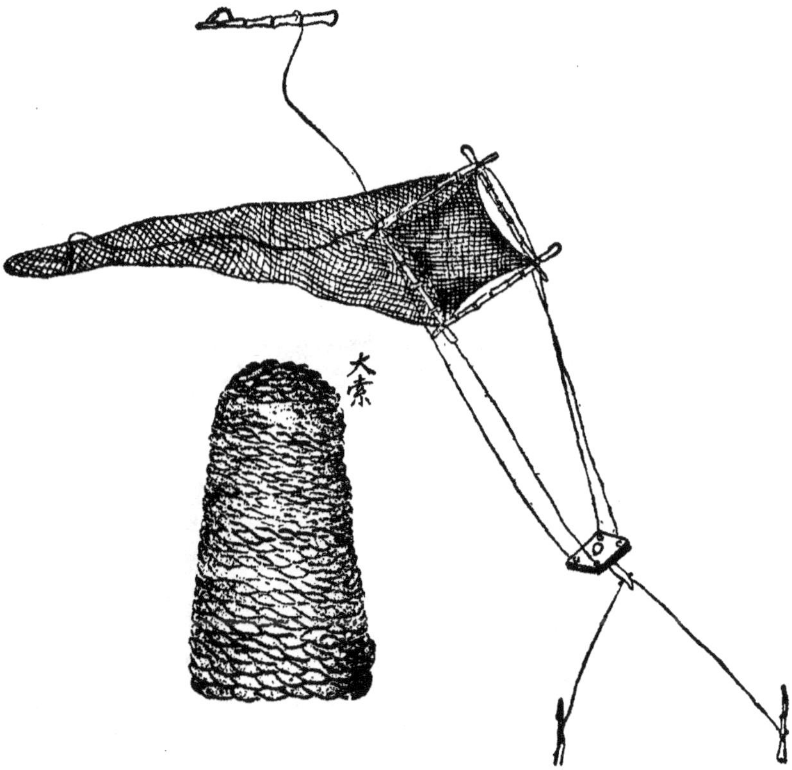

第十圖　小網布海全圖

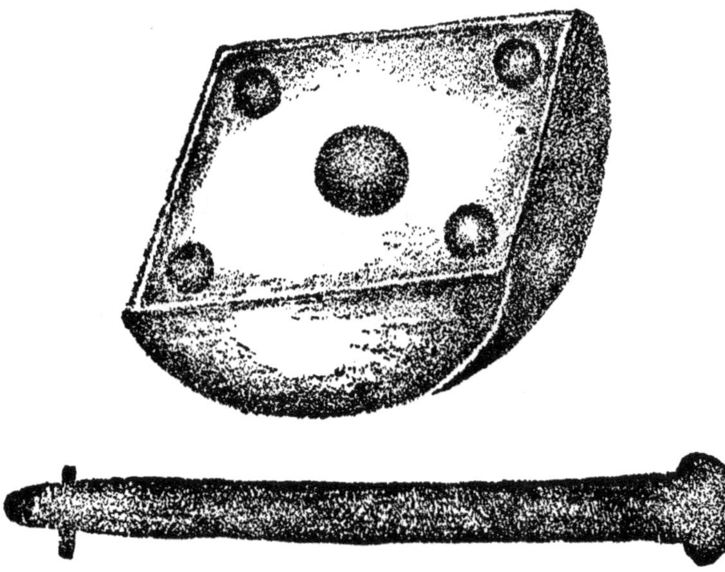

第十一圖　輪版　輪軸

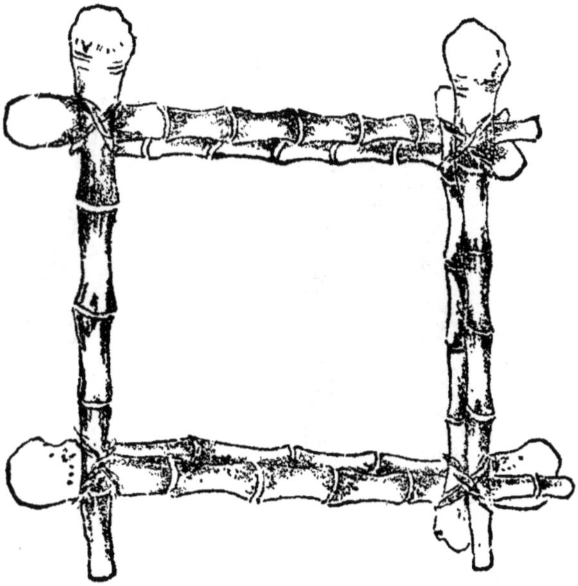

竹椿

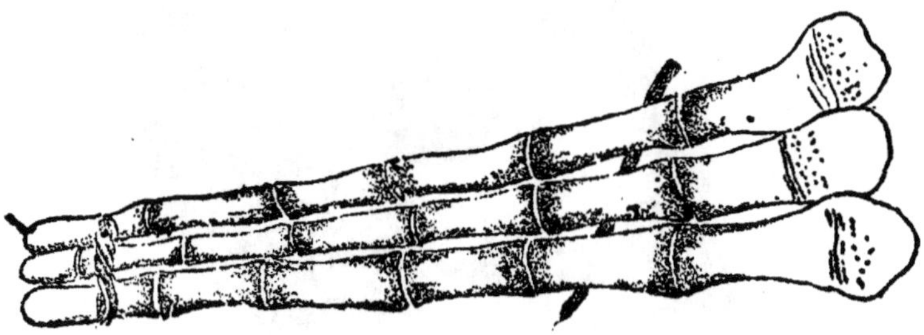

楸

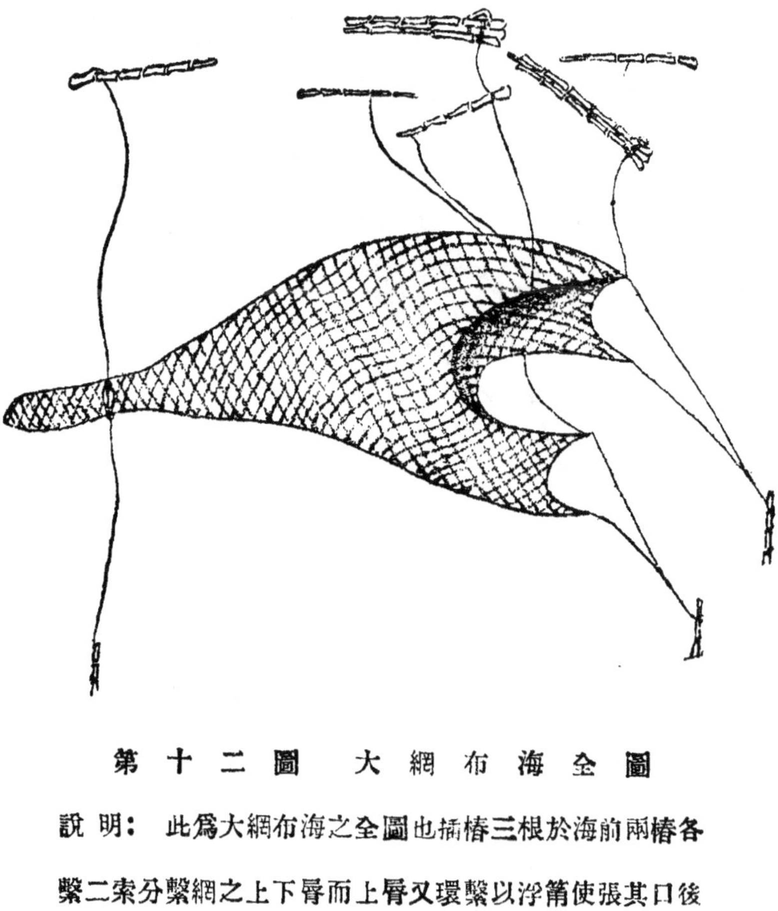

第十二圖　大網布海全圖

說明：　此爲大網布海之全圖也插椿三根於海前兩椿各繫二索分繫網之上下脣而上脣又環繫以浮箭使張其口後一椿只用一索繫於網尾使不隨流翻裂另復繫以一箭作爲鈎網之用但大網有定向僅受一面之魚不如小網有輪軸可隨潮而旋轉也

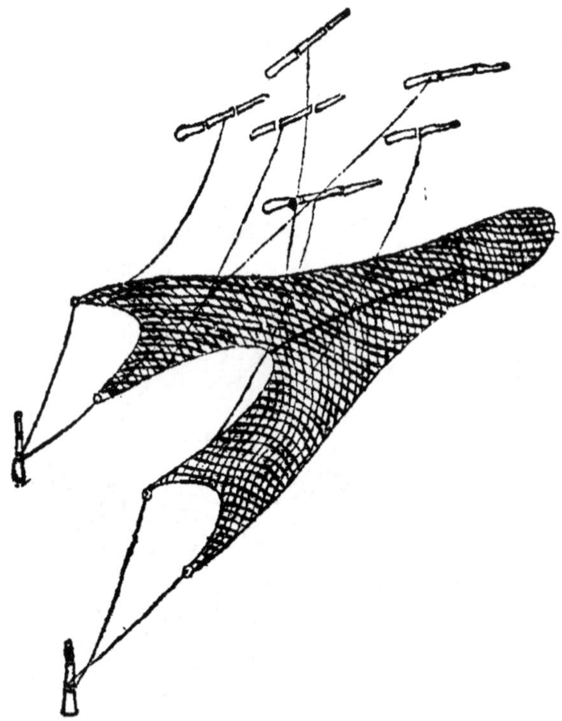

第十三圖　翻繒布海全圖

說明：　翻繒先以兩竹楸插入海泥中以繫繒之四隅上兩隅以竹箭繫之使張其口以捕魚翻繒形如大網惟尾無根索留使自翻潮水漲時繒口順流受魚潮退則繒之末段全翻折入繒心潮力緊推全繒之裏面翻作表面而前潮之魚在內者能自打一結束繒尾不因翻潮而倒出故名之曰翻繒

第十四圖　魚尾圖

目次

中國漁業史

第一章　總論

第一節　淸季以前之我國漁業

漁業爲原始生業之一，古代漁獵並稱，人類在原始時代，陸地則以獸獵爲生，沿海湖沼之處，則用木石擊魚，捕而食之，其起源遠在農業以前。吾國遼東半島沿海地方，已發現有原始時代貝塚之遺跡；如學者能努力探查，恐離海岸甚遠之地方，當亦有淡水貝塚之分布。蓋原始住民常以貝類充食，日久，則其居處附近，遂積有貝殼成堆。此種遺塚中除包括完整及破碎貝殼外，往往雜有貝斧、貝針、貝圈等製品不少。漁業在原始生活中之重要，已可想見。

吾國關於漁獵之最古記載，爲殷墟卜文。羅氏所輯卜文共一一六九條，分作祭祀、卜告、卜享、出入、漁獵、征伐、卜年、風雨、雜卜等九項。除祭祀共五三八條佔最大多數外，一九七條之漁獵佔次多數，而此一九七條之漁獵中，一一條是漁。郭沫若氏在所著中國古代社會研究中，謂此一一條中有六條是誤解，但遺漏未輯入者尚有二條，故漁共爲七條。郭氏並斷爲：「漁在當時已不是主要的生產手段」「當時的生產狀況，確已超過了漁獵時代。」此是說明我國漁業之發展，遠在商朝以前。

說文「漁」之古文爲「𩺰」或「瀲」，後省去爲「漁」，段玉裁說文解字註云：「所以必從𩺰者，捕者非一魚也。」此可證明漁業之開始，已遠在有文字之前。

我國凡關於財貨之字，多從貝旁，如財、貨、賣、買、寶、貯……等，蓋貝卽爲漁獵民族所提供之物，爲吾國當時最古之貨幣，在原始商業之萌芽時期，已盡其易中之作用，此種貝之實物，已發現於我國殷墟中。古代圖錄中，有眞貝、石貝、羅氏有一段試說：

「前人古泉譜錄有所謂蟻鼻錢，予嘗定爲銅製之貝，然苦無證。往歲於磁州得銅製之貝，無文字，則確爲貝形；已又於磁州得骨製之貝，染以綠色或褐色，狀與眞貝不異，而有兩穿或一穿，以便貫繫；最後又得眞貝，摩平其背，與骨製貝狀畢肖；此所圖之貝，均出殷墟，一爲眞貝，與常貝形頗異，一爲人造之貝，以珧製，狀與骨貝同而穿形略殊，蓋骨貝之穿在中間，此在兩端也。合觀先後所得，始知初蓋用天生之貝，嗣以其貝難得，故以珧製之，又後則以骨，又後則鑄以銅。世之所謂蟻鼻錢者，又銅貝中之尤晚者也。蟻鼻錢間有存文字者，驗其書體，乃晚周時物，則傳世之骨貝，乃在商、周之間矣。」

郭沫若氏謂：「貝朋用爲通行貨幣之事，卽起源於殷人。其貝形由圖錄及我所見之實物（日本東京博物館有眞貝、石貝、銅貝諸物陳列）觀察，實爲海貝，此決非黃河流域中部所能產。」此種考證，足知我國漁業在殷代以前，已有相當發展。

然漁業在原始之時，人民只就其自然環境以爲生，及農事漸興，則又漸隸屬於農，多就農隙以從事，故漁業向無專史，我國史乘所載，多隻鱗片爪，其彰彰可考者，蓋甚鮮也。史載：「庖犧氏作網罟，耒耜以佃以漁，」行漁工具之發明，可謂爲我國漁業之起源。爾雅釋魚名，今人多不識。詩三百篇，多魚之名詞，此均可見當時水產生物之滋繁。又史記「舜漁於雷澤」，膠鬲舉於魚鹽之中，均以魚鹽而致身政治。蓋在殷、周之際，雖農事漸興，而漁在生產手段上，尚不失其相當之勢力，故政治領袖和人材，多從漁業界出身，亦未可知也。周禮有歔人之官，爲天官之屬，而掌捕魚之事；國語所載，謂之水虞；禮記又名漁師，皆專司漁政者。

史記貨殖列傳稱：「山東多漁鹽，」「太公封於營丘，地瀉鹵，人民寡，於是太公……通魚鹽，則人物歸之。」其後管仲相齊，「興魚鹽之利，齊以富強。」蓋當時中國版圖，僅中原數千里地，濱海之國，惟有一齊，故所載僅及齊以魚鹽富其國。然齊旣以魚鹽致富強，則當時漁政之有設施，乃必然之事。惜史缺，其設施之方已多不可考耳。

春秋吳、越漸興，地接江海，史記：「楚、越之地，地廣人稀，飯稻羹魚，或火耕而水耨，果隋蠃蛤，不待賈而足，」是皆足以表示漁在當時人民生活狀況中之重要地位。

當時不僅從事漁獲，且能注意於漁時漁業保護及禁漁，孟子：「數罟不入洿池，魚鼈不可勝食也。」淮南子：「季子治亶父三年，而巫馬期衣短褐易容貌，往觀化也。見夜漁者釋之，巫馬期問焉曰：子所爲漁者，欲得也，今得而釋之，何也？漁者對曰：季子不欲人取小魚也，所得者小魚，是以釋之。」國語：「魚禁鯤鮞，」鯤鮞爲魚子與稚魚。呂氏春秋：「竭澤而漁，豈不得魚，而明年無魚。」此皆注意漁時，且以防濫漁等弊，卽近之漁業保護也。

其時養魚業者亦漸興盛，史記：「水居千石魚陂」正義註曰：「言波澤養魚，一歲收得千石魚賣也。」又稱千乘之家「鮐鮆千斤，鮿千石，鮑千鈞。」吳越春秋載：「越王旣棲會稽，范蠡等曰：臣竊見會稽之山，有魚池上下二處，水中有三江四瀆之流，九溪六谷之廣，上池宜於君王，下池宜於民臣，畜魚三年，其利可以致千萬，越國當富盈。」

又史載范蠡居陶，自稱陶朱公，三致千金，其所述養魚經云：「治生之法有五，水畜第一。水畜，魚也。以六畝地爲池，池中有九州，求懷子鯉魚長三尺者二十頭，牡鯉魚長三尺者四頭，以二月上庚日內池中，令水無聲，魚必至。至四月內一神守，六月內二神守，八月內三神守，神守者鼈也。內鼈則魚不復飛去。在池中周繞九州無窮，自謂游江湖也。至來年二月，得魚一尺者一萬五千，三尺者五千，二尺者萬枚，直五千，得錢一百二十五萬。至明年一尺者十萬枚，二尺者五萬，三尺者五萬，四尺者四萬，留長二尺者二千枚作種，所餘皆貨，得錢五百一十萬。俟至明年，不可勝計。」雖其言計直皆過當，亦不合於科學，然於養殖業之發明與進步，則未始不可推而知也。

此外製造業亦頗發達，史記所載：「鮑千鈞。」所謂鮑，即乾魚也。乾製之法最古，易噬腊肉，周禮：「腊人掌乾肉脯腊膴胖之事，」按去骨曰脯，帶骨曰腊，全體曰膴，半體曰胖；庖人「夏行腒鱐，」鱐即乾魚也。周官乾製食品，則腊人所掌是，醃製及其他食料品，則醢人所掌是，冰鮮貯藏品，則庖人所掌冬行魚是也。工藝用品，則獸人所掌，凡皮毛筋骨入於玉府是，蓋制已大備矣。

不獨此也，秦時且已能利用魚油以作燃料，廣志：鯢魚聲如小兒，有四足，形如鮎，出伊水也。司馬遷謂之人魚，故其著史記，曰：始皇之葬也，以人魚之膏爲其燭也。徐廣曰：人魚似鮎而四足，即鯢魚也。以上可知我國漁業，發達甚早，至周而秦，凡漁官、漁法以及養殖、製造等，燦然大備，是爲我國漁業之燦爛時期。

自殷、周以來，農業漸臻發達，漢承秦之後，安定宇內，朕親耕，后親桑，重農政策之結果，漁業在生產上蓋失去其重要性，遂完全隸爲農家之副業之地位。史雖魚鹽並稱，然魚鹽性質不同，故後之政治，亦多詳於鹽而略於魚。業漁者類爲窮海荒島河上澤畔居民，任其自然以爲生，至內地池畜魚類，一池一沼，只以供文人學士徜徉之所，爲詩酒閒談之助。故自秦、漢以至明季之一長時期中，漁業上直無甚興革可言。

明葉，沿海時受倭寇之騷擾。談海防者，乃計及編漁戶之法，聯合十餘漁船或八九漁船爲一䑸，同罟網魚，稱爲罟棚；每棚有料船一艘，隨之醃魚，彼船復帶米糧食品，以濟漁船，漁船得魚，歸之料船，互相協助，亦互相察覺；此種組織，蓋與現時廣東南路罟棚漁業相似，亦卽如陸地上之行保甲也，可爲政府管理漁業之輓近史實。

淸季，海疆多事。左文襄任兩江總督及劉坤一督師榆關時，因鑒於漁業關係國防之重要，奏請淸廷仿明例，令濱海各省，舉辦漁團，曾謂漁戶熟諳風濤沙綫，膂力過人，前明海盜汪直、徐海之黨，多出其中，卽淸代名將如李長庚、王得祿等，亦爲漁民出身，一轉移間，利害已判，淸廷乃詔飭沿海各督撫實力籌辦漁團。時歐化東漸，互市日繁，人漸知水產事業之重要，南通張季直奏請設立漁業公司，購置漁輪，從事採捕，此爲我國新式漁業之嚆矢，而吾國漁業，乃走入一新的階段。

第二節　我國漁業之自然環境

我國東南沿海之省凡七，海岸線長一萬二千餘里，沿海島嶼羅立，海岸曲折，海底平坦，多屬沙泥底之沖積層，其水深底質，莫不適宜於漁業之條件。加以黃河、長江、珠江三大江流之出口，有生物與浮游生物滋生繁盛，爲魚類重要之餌料，亦爲造成水產豐富之主因。是以沿海各區，皆爲優良之漁場。考吾國沿海漁場面積，共二十七萬一千八百另五方浬，占世界漁場面積總數額百分之一六・一九，占世界漁場之第一位。內地河川湖沼，散處全國，河川如黃河、長江、珠江，源遠流大；其東南各省，細流溝瀆，縱橫交錯。湖沼大者如洞庭、鄱陽、太湖等，面積均數百方浬；其次者，則週數十百里之湖澤，在在皆是。故淡水生物亦極繁多。上海一埠，本爲沿海漁業之中心，然每年所消費之魚產，淡水產魚類，實與海產相埒，可知淡水魚產之盛。

漁業之發達，端賴漁業根據地之優良，吾國沿海各地港灣之足當優良漁業根據地者，在在皆是，稍加修築，卽可媲美歐、美各國所建之漁港。孫中山先生建國方略中，亦以漁業港之修築，爲吾國實業生產中之重要部門，其漁業港修築計劃云：「漁業港一層，吾前所述之頭二等海港，均須兼爲便利適合漁業之設備。（卽天津、上海、廣州、營口、海州、福州、欽州、葫蘆島、黃河口、芝罘、寧波、溫州、廈門、汕頭、電白、海口皆同時爲漁業港也。）然除此十六港外，中國沿岸，仍有多建漁業港之餘地，抑且有其必要，故吾意在北方奉天、直隸、山東三省海岸，應設五漁業港。（安東、海洋島、秦皇島、龍口、石島灣。）東部江蘇、浙江、福建三省海岸，應設六漁業港。（新洋港、呂四港、長塗港、石浦、福寧、湄州港。）南部廣東省及海南島海岸，應設四漁業港。（汕尾、西江口、海安、楡林港。）以上十五漁業港，合之前述較大之港，總三十有一，可以連合中國全海岸線，起於高麗界之安東，止於近越南界之欽州，平均每海岸線百英里而得一港。吾之中國海港及漁業港計劃，於是始完。」可見我國之可爲漁港之修築者，固甚多也。

其次如海流、風向，均於漁業有極大關係。我國沿海，受寒暖二流之會合，其所受寒流，影響較大；暖流則影響較小，僅達於閩、粤二省沿海，蓋暖流抵臺灣而後，即直向日本沿海流去。我國水產之所以豐富，其原因亦半基於寒水性魚類及溫水性魚類，皆於此會合。

海流之成因，最主要者，爲風向與風力，其他如地球自轉之力與對流作用，亦常協助之。我國沿海冬季多北東風，夏季多南西風，尤以冬季之北東風，勢力較強，故中國沿海寒流，特形發達。此種風向，除影響海流外，且爲我國舊式漁業行漁之重大幫助，故於漁業，至有利益。至發源於赤道附近之颱風，雖不時經過我國沿海，但其時期多不在盛漁期中。此種颱風，進行方向，大概是先向北西轉過臺灣海峽，卽轉向北東，過日本後，卽行消滅。故於我國沿海漁業所受影響尙少。

我國海岸線跨寒、溫、熱三帶，加以寒暖二流之交錯，漁場區域旣廣，故海產魚類種別甚多，至不下千餘種。其最重要之魚類，爲黃魚、黃花魚、鰽魚、帶魚、鯛魚、鰳魚、墨魚、鰈魚、鯧魚、鰻魚、鰺魚、鯖魚、馬鮫魚、鮸魚、鯊魚、鱏魚、鰤魚、梭子蟹、海蜇、龍蝦、明蝦、鯨魚以及其他貝類、海藻類等。淡水魚類爲數亦極多，其重要者爲靑魚、草魚、白鰱、花鰱、鯽魚、鯿魚、鱖魚、白魚、鱒魚、鱔魚、鰣魚、鯉魚、靑蝦、河蟹等。各地產量，以長江一帶爲多。

魚類以產卵和覓食之關係，其迴游常有一定之行程，又以其習性之喜溫喜寒以及產卵地點之故，南北所產種類多不相同，各地漁期，亦先後不一。如大黃魚一項，其漁期在廣東則爲三月至八月，而以四五月爲最盛。福建則週年俱有，以五六月爲盛。江、浙雖亦以五六兩月爲盛，而九十兩月，亦有多量生產，特名之爲桂花黃魚。又如帶魚之漁期，在閩、粵爲自十一月至明年二三月，而以十二月正月爲最盛。江、浙則在十月至翌年正月。冀、魯在六月至十一月，以七八九三月爲最盛。遼寧與冀、魯相同。茲將各主要魚類之產卵期，列一簡表如下：

大黃魚	五月——七月
小黃魚	四月——六月
帶魚	八月——十月
鱈魚	一月——二月
比目魚	五月——六月
鯉魚	四月——六月
鯛魚	四月——五月
馬鮫魚	五月——六月
鯖魚	四月——六月
銀魚	四月——五月
墨魚	五月——七月

魚類因迴游習性及所居水層高下之各有不同，漁法漁具，亦因之而異。普通而言，爲（一）襲獲漁法、（二）驅集漁法、（三）誘集漁法、（四）陷穽漁法等四種。而吾國沿海，對此四項漁法，俱各有應用者。所謂襲獲漁法所用漁具，如旋網與投網等。驅集漁法所用漁具，以曳網爲多，現在盛行之拖網，如大對網、輪船拖網、手操網等俱屬之。誘集漁法漁具，以火誘漁具爲多，如烏賊照船漁業，延繩釣漁業等。陷穽漁法漁具，則爲張網、流網、建網、風網等。以吾國舊式漁業而言，閩、粵一帶，以拖網漁業、釣漁業爲盛。江、浙一帶，則以拖網、張網、流網漁業爲盛。冀、魯一帶，則以風網、圍網、手釣漁業爲盛。自清季新式漁業傳入吾國以來，輪船拖網漁業及汽船手操網漁業，亦漸繁盛。前者以上海港爲唯一根據地，後者以華北煙、靑爲最多，上海次之，各省則所有無幾矣。至所用之船舶，簡單言之，則可分爲帆船與機關船二類。前者爲舊式漁業所用之船，其構造雖亦間因各種漁業之種類而不同，但大致俱與普通航船略有差異。後者則有蒸氣發動機船——卽輪船拖網漁業所用者，每船總噸數約二百噸左右——與柴油發動機船——卽汽船手操網漁業所用者，總噸數約自五十噸至八十噸——之別。玆據實業部所發表之統計，全國現有漁船總噸數，爲一四七、四一九噸，總隻數爲一八、八〇六隻。又全國漁民數約當百萬人之譜。每年漁獲物總額，約爲二億圓左右。擁有如此得天獨厚之資源，苟能加以改進，力謀開發，則其發展之程度，眞未可量也。

第二章 漁政設施

第一節 漁政設施及漁業行政機構之沿革

我國漁業設官，遠在夏、商之間，前章已略述之。然其漁政設施及漁業行政機構之沿革，史書所載，略而不詳，殊難考證。明中葉，倭寇侵擾沿海，遂頒有編訂漁戶之法。淸季海疆多事，左宗棠及劉坤一等均以籌辦各省漁團爲請，淸廷雖詔飭沿海各督撫實力籌辦，但開辦未久，旋卽消滅。至光緖二十二年，復諭飭沿海各督撫籌備漁團，漁團復興，各省沿海府縣多設漁團局，然此時中央漁業行政尙無特定組織。最後淸廷於各省置勸業道，其農林科中設有水產股，專管水產事業，此蓋水產行政組織之嚆矢。光緖三十年三月，南通張季直，條陳商部籌設漁業公司，由商部轉奏報可，乃詔沿海七省督撫同時籌備，張乃與蘇、松、太道袁樹勛相度形勢，規劃一切，以內外海界，定新舊漁業行漁範圍，以南北洋總公司及省局縣會爲行政綱目，以官經商緯爲組織，其規劃頗爲詳盡，至此吾國漁政設施，已近代化具體化。玆摘錄內容大要如下：

『各國領海界，視近海遠洋爲區別，近海爲本國自有之權，遠洋爲各國公共之路，拕船捕魚，宜在遠洋，近海數百里，仍爲我尋常小船捕魚之區，外爲內障，內爲外固，相資爲用，而不相妨。

『江、浙、閩、粵四省，皆屬南洋，先立總公司，則目前有一氣團結之先聲，各省有斟酌施行之餘地。此以總公司爲綱，四省自立公司，名爲某省局。四省舊俗，彼此不同，四省奉辦先後不一，或分或合，各聽其便。以江、浙論，目前可并，并則可名江、浙局，凡鳩集股分，仿造船網，皆局任之，會，卽就各州縣漁團保甲而易其名。兩省可一局，一省不必一會，卽如蘇省可分揚、淮、通、海、蘇、松、太，浙省可分杭、嘉、湖、寧、台、溫，各就其地，聯之以會，使隸於局。分類編船，分船編人，分人編姓，使皆瞭然，易查易察，此以省局縣會爲目，如是則能使沿海漁戶，樂於有會而受局之保護，樂於有局而不受外人之勾引，去其平日輸納各衙門陋規之擾，保其平昔被盜失風之患，我實利彼，彼乃附我，若何而能去陋規，能護刼盜，商力不及，必倚之官，須購德船，以爲發展漁業及護漁之用，然甫議公司，資本未集，此購船之款，則由蘇、松、太道撥公款墊辦爲宜，此項撥款，即作官本，與商股均分所入之利息。此項利息，即供漁政上辦公經費及調撥兵輪之用，此即以官經商緯爲組織之一。

「既合四省爲南洋漁業公司，舉辦之始，至少須一省二船，約計四省八船，今如江、浙合辦，一省二船，約共四船，江局分江南一艘，江北一艘，浙局分溫、台一艘，寧波一艘，暫時不用小輪運船，按其資本約爲四十五萬兩，除擬由官撥五萬兩外，仍須由公司集股規銀四十萬兩，二省分認各集二十萬兩，爲製造船網及經費之用，公司集股辦事，各就地舉董事經理而集成於官，國家宜特設一漁政之官，以爲之筦鑰，此亦組織之一。」

以上皆規劃之大概，張季直所咨報於南洋大臣者。三十一年春，南洋大臣始會同北洋奏設江浙漁業公司，以爲次第推廣直、奉、魯、閩、粤各省之漸。十一月，由商部奏派升任江蘇按察司、蘇、松太道袁樹勛爲頭等顧問官兼充漁業總公司監督，以張爲漁業公司經理，漁業公司直屬商部，漁政即歸漁業公司辦理。當時擬以漁業公司爲實驗之起點，曾決定俟七省各置漁輪以後，每年會合一次，使七省漁業公司得互相聯絡，南北梭巡，彼此糾察，於領海主權，關係頗鉅。又規定每年正月或十月電約會合於吳淞一次，由主其事者調查勤惰，觀察利弊，各貢見聞，俾能有所更新與改良。是當時漁政設施，其計劃之周詳，實足爲吾國漁政史上重要之一頁。

光緒三十一年，袁世凱督直時，取消魚行，改設漁業公司，以長蘆鹽運使張鎮芳兼其事。旋因漁業公司事務繁雜，改委直隸提學使盧靖兼理其事。初直轄於勸業道，後直隸工藝局成立，又劃歸該局管轄，河北漁業稅捐之征收及漁船之保護，卽由漁業公司辦理。光緒三十二年，山東巡撫楊士驤以準備金三萬兩創設漁業公司於芝罘，以漁船之保護，漁具漁法之改良，魚類之鹽製販賣，魚屬之養殖保護等爲其業務。同年，廣東紳商募集資本六十餘萬兩，設立廣東全省漁業公司，稟請總督與上海漁業公司聯絡。次年設立奉天漁業公司於營口。凡此各漁業公司，實際多爲各地之漁業行政機關，其業務除漁業經營外，凡救濟、保護、稅捐、教育等項，多包括在內，蓋當時漁業公司之設，頗有政商合一之勢。

辛亥革命事起，南京政府成立，漁政歸實業部，是年三月政府北遷，實業部分爲農林、工商二部，漁政事歸農林部，由部設立漁業局以司其事，此爲在中央漁政設立專局之始。民國三年七月合併農林、工商二部爲農商部，下設總務廳及礦政、農林、工商、漁牧四司，漁牧乃改局爲司，其規定漁牧司之職掌如左：

（1）關於水產監督保護及教育事項。
（2）關於漁業監督保護事項。
（3）關於公海漁業獎勵事項。
（4）關於漁業團體事項。
（5）關於牧畜改良事項。
（6）關於牧畜監督保護事項。
（7）關於牧畜獎勵事項。
（8）關於種畜檢查及獸疫事項。
（9）其他關於水產畜牧一切事項。

三年四月二十八日公佈漁輪護洋緝盜獎勵條例十二條公海漁業獎勵條例十一條。四年四月二十四日公佈各該條例之施行細則，前者爲十六條，後者爲二十二條，同月又公佈公海漁船檢查規則十四條，凡農商部檢查合格之漁船，合於護洋緝盜條例之規定者，得受政府護洋緝盜之獎勵金，又公海漁船檢查規則合格之漁船，給予其建造費補助金，但獎勵金爲數甚微。江浙漁業公司、遼寧漁業商船保護局等，均根據此項護洋緝盜條例，呈請內政、農商二部立案，並請領護洋緝盜執照，向漁民收取各種護洋捐費。茲將公海漁業獎勵條例及漁輪護洋緝盜獎勵條例分錄如下：

公海漁業獎勵條例

第一條　凡本國人民，以公司或個人名義，購買漁船，經公海漁船檢查規則合格，取得登記證書者，依本規定給予獎勵金。

第二條　給予獎勵金以三年爲限。前項支給獎勵金總額，不得超過五萬元。公海漁船檢查規則，以部令定之。

第三條　獎勵之種類如左：

（一）漁業獎勵。

（二）漁員獎勵。

第四條　公海漁船規則檢查合格之漁船，以漁業或鮮魚之搬運為業者，農商總長依其業務之種類區域期間及船舶之構造噸數船齡，給予獎勵金。但每年不得超過左之限制。

（一）汽船總噸數五十噸以上者，每噸二十元。但三百五十噸以上者，不得依超過之噸數加給獎金。

（二）帆船總噸數五十噸以上者，每噸六元。但二百噸以上者，不得依超過之噸數加給獎金。

第五條　前項漁船員，農商總長依其所業之種類期間及區域別，給予漁船員獎勵金。但每年不得超過左之限制。

（一）漁獵長一人十元。

（二）漁獵員一人六元。

第六條　凡應受獎勵金之漁船，在公海作業日數，不達其規定漁期四分之三時，停止其期間內獎勵金之給予。但由天災其他不可抗力之災害者，不在此限。

第七條　凡應受奬勵金之漁船，招聘外國人爲技術員時，須爲關於聘用之報告。

第八條　凡應受奬勵金之漁船，本部派遣調査員或練習生使乘船時，不得拒絕。

第九條　凡受奬勵金之漁船主或繼承人，由受授奬勵金之日起算，在滿五個年以內，不得爲該漁船之買賣、借貸或以此爲擔保而提供於外國人。違背前項條例者，須歸還奬勵金。

第十條　本條例由公布之日起施行。

（註）以上條例，係從日文「南支那之水產業」轉譯。

漁船護洋緝盜奬勵條例

第一條　凡本國人民，以公司或個人之名義，購置漁船，經本部立案者，許可其在洋面護洋緝盜之權。

第二條　依前條規定之漁船，得由政府給予護洋緝盜奬勵金。前條奬勵金額，不得超過每年六萬元。

第三條　獎勵之種類如左：

甲　漁船獎勵

（一）漁船所有者，於漁業期間不顧自己之利益，在指定之海面，專當護洋緝盜之任者。

（二）漁船在指定之海面周年常兼理護洋緝盜任務者。

（三）擔任前二項之漁船，於其指定之海面一年間無漁船之盜難者。

乙　漁獵員之獎勵

（一）船主船員，捕縛海盜一名以上者。

（二）船主船員，因捕盜而死亡或負傷者。

第四條　獎勵之方法如次：

（一）第三條甲第一項，漁船之獎勵金，每月給銀七百二十元，以捕魚期間內爲限。

（二）第三條甲第二項，漁船之獎勵金，於捕魚期間內，照前項規定外，每漁船每月給銀百元。

（三）第三條甲第三項，漁船主給與一等褒獎狀，船員給銀二百元。

（四）第三條乙第一項，漁船每捉捕海盜一名，漁船主給予二等褒獎狀，全體船員賞銀五十元。

（五）第三條乙第二項，漁船船主爲捕盜之故而致死亡者，給予銀二百元，負傷者，酌量輕重給與四十元以上；船員爲捕盜之故而致死亡或負傷者，倣船主之例，給與半額。

第五條　凡船主船員爲捕盜之故致死傷者，須呈報附近之官廳，官廳驗查後，照第四條第五項之規定，於該船之經理處先行支付，然後申請本部給還之。

第四條第四項之獎勵，除褒獎狀由本部支給外，獎勵金由漁船之經理處先行給付，然後申請本部給還。

第四條第一第二第三項之獎勵金及褒獎狀，在其船之經理處，於年末報告時給予之。

第六條　凡漁船無論爲護洋緝盜之專務或兼務，均須於二個月前，經由附近之主管官廳申請本部，領取護洋緝盜執照，無護洋緝盜執照者，不得受獎勵金之給付。

第七條　凡漁船在海洋作業之際，遭遇盜船，追緝時不限於指定之區域。

第八條　凡護洋緝盜之漁船，申請官廳時所要之手續如次：

（一）該漁船係公司所有者，聲明公司之名稱及代表人之姓名、籍貫、住所；又係個人所有者，須聲明所有人之姓名、年齡、籍貫、住所。

（二）該漁船之名稱。

（三）該漁船之形狀。

（四）該漁船之淀泊所。

（五）該漁船巡緝之場所。

（六）船主及船員之姓名、年齡、籍貫。

第九條　有護洋緝盜執照者，應隨時報告左記事項於附近之官廳，轉呈本部。

（一）巡緝之月日。

（二）救護之漁民數及其姓名、年齡、籍貫。

（三）捕捉之海盜數及其姓名、年齡、籍貫。

（四）捕捉之海盜解送官廳之月日。

第十條　凡本部認可之護洋緝盜漁船，各船應置備礮二尊槍八枝，此等槍礮應於申請認可證時，同時請求本部發給。

第十一條　凡受獎勵金褒獎狀者，合并給與證書。

第十二條　本條例由公布之日起施行。

（註）以上條例，係由日文「南支那之水產業」轉譯。

民國六年由部令公佈漁業技術傳習所章程。七年派技士李士襄籌設定海漁業技術傳習所。八年又派王文泰與江蘇省政府合作籌辦海州漁業技術傳習所。其詳細情形詳第三章第一節。

民國十四年農商部舉行實業行政會議，一時關於漁業提案頗多，經通過（1）沿海各省一律籌辦水產專門學校。（2）擴充水上警察。（3）籌設沿海漁業管理局。（4）創辦或擴充漁業試驗場，（5）獎勵江河湖沼漁業等議案。因政局時生變動，實際上鮮有進行。

十六年張作霖受任大元帥時，分農商部爲農工與實業二部。農工部下設漁牧司，於七月十日派米逢泰爲漁牧司長，八月十六日改派陳安策充任。是年九月三十一日農工部呈大元帥農工要政計劃綱要中，其第五項内有：「漁輪護洋緝盜獎勵條例及公海漁業獎勵條例，頒行已久，尙尠奉行，應再妥訂辦法或籌辦警察或編練漁團，以資巡緝而嚴捍衞。又近年所頒漁業條例及漁會暫行章程皆寓保護及發展漁業之道，均應通令各省實力推行，俾觀成效。至於啓發漁民智識，尤關重要，除由部整頓舊有漁業試驗場外，幷令各地方官署勸導當地漁民組織漁會、籌辦漁業講習會、水產陳列館等，以便研究漁撈養殖等技術，而圖漁業之改良。」等計劃，雖經通令遵辦，然而亦不過一紙空文，蓋此時國民革命軍已奠定長江南北矣。國民政府在北伐以前，已在廣州設置實業部，及北伐勝利，奠都南京，乃改設農礦部，下置魚牧科。當時農礦部製有訓政時期工作綱要，呈准國民政府備案實施，關於漁業部分，有設立中央模範水產試驗場、漁業保護管理局、漁業技術傳習所、漁種場等計劃，亦多未能實行。然漁業保護管理局一項，因沿舊制，乃加以改組。當孫傳芳統制東南五省，自任五省聯軍總司令時，曾在上海設立江、浙漁業局，委莫永貞爲局長，專事征收漁稅，與江、浙原有漁會迭起糾紛。及國民政府成立，乃由財政部接收，改爲漁業事務局。十七年五月間，財政部召集江、浙兩省政府代表及漁業事務局局長等在南京討論，始將各方職權及征收辦法略加決定，旋又邀集江蘇省政府農礦廳，浙江省政府建設廳，上海市市政府，及漁業專家漁商代表等在上海舉行江、浙漁業建設會議，議決要案頗多，經由該會議主席團分別呈准中央及江、浙二省府及上海市府採納施行。

民國十八年十一月十一日，國民政府公佈漁業法及漁會法，至十九年七月一日起正式施行，並由農礦部部令公布漁業法施行規則、漁會法施行規則及漁業登記規則、漁業登記規則施行細則，各種法規漸經具備。民國二十年農礦部與工商部合併為實業部，擴充漁牧科為漁牧司。二十年二月二十一日府令修正公布之實業部組織法，其第十一條為漁牧司掌左列事項，就中關於漁業者為：

（一）關於漁牧保護監督及奬勵事項，

（二）關於漁牧機關及漁牧團體之監督事項，

（三）關於畜產水產改良奬勵事項，

（四）關於漁稅之擬定事項，

（六）關於水產畜牧之試驗檢查改良事項，

（八）關於其他漁牧事項。

較上文，民國初年漁牧職掌之規定，已較為進步。當時日本漁輪侵漁，日見猖獗，民國二十年三月，國民政府下令豁免漁稅，一方並由財政、外交、實業、海軍各部討論應付辦法，結果由第二十一次國務會議，規定領海範圍為三海浬，江海關緝私界限則定為十二海浬，以示限制，同時令財政部令各海關遵辦。自中央明令豁免漁稅後，前財政部設立之江浙漁業事務局等征收魚稅機關，奉令結束，一切漁政統由實業部辦理。並於二十年六月十六日，先行成立江浙漁業管理局。二十年六月二十五日，部令公佈漁業警察規程。二十一年二月一日，部令公布漁輪長漁撈長登記暫行規程。民國二十一年六月十一日由國民政府公布海洋漁業管理局組織條例十三條，江浙漁業管理局即改為江浙區海洋漁業管理局，內分總務、保安、改進三課，復先後成立冀魯、閩粵二區，是年十一月五日復修正漁業法、漁業法施行規則、漁會法、漁會法施行規則等，呈由國民政府公布施行。時陳公博氏爲實業部長，關心漁政頗切，除在各區設置海洋漁業管理局外，復計劃整理漁業行政系統，征收漁業建設費，廢除雜稅以減輕漁民負擔，呈奉行政院於二十二年公佈，江浙區漁業改進委員會規程，於二月十七日首先成立江浙區漁業改進委員會，又成立江浙區漁業建設費征收處，並呈准中政會於五月九日由實業部公佈征收漁業建設費暫行規則九條，按漁獲物征收值百抽二之建設費，同時命令海洋漁業管理局並轉各省市政府等豁免各項牌照雜稅。漁業改進委員會則以中央及各省市漁業行政主管機關長官，及漁業界代表水產專家爲委員，以爲漁業建設之設計改進及監督機關。當時雖漁業管理局、漁業改進委員會及漁業建設費征收處同時存在，而其重心則全集中於漁業建設費之征收，以爲一切建設之資源，其後征收建設費糾紛迭起，障礙叢生，十一月乃將各區漁業管理局、改進委員會、漁業建設費征收處一律停辦，江、浙區海洋漁業管理局改爲護漁辦事處，僅將巡艦留作護漁之用，漁業建設行政遂生一大頓挫。

當時實業部計劃中原有籌設上海魚市場之議，及各漁業機關撤消，乃致全力於此。二十四年十一月陳氏去職，吳鼎昌氏繼長實部，繼續進行。二十五年五月魚市場正式開幕，同月停辦護漁辦事處。七月籌設漁業銀團，資本一百萬元，由實業部於二十五年度國營事業預算費中提出二十萬，另八十萬由各銀行加入投資。以上爲中央漁政進行之概要。

吾國地方漁業行政，因國內政治不能安定，政府機關廢置存合，變更無常。初爲農工廳，後改實業廳，國民政府成立後改農礦廳，後改實業廳，又改建設廳或與實業廳並存，今則皆改爲建設廳。因之漁業管轄亦移轉靡定，方針時易，漁業進行，動輒中斷，且歷來一般觀念，漁業行政除收漁捐外，幾無別種工作，故有漁業局所而歸財政廳管轄者，有以牌照收入而歸警廳管轄者。民國十八年頒布漁業法第二條：「本法稱行政官署者在中央爲農礦部，在各省爲農礦廳，未設農礦廳者爲建設廳，在各地方爲漁業局，未設漁業局者爲縣政府。」十九年六月農礦部令公佈之漁業法施行細則第二條「漁業行政官署，漁業法第二條所規定者外，在市爲社會局。」二十一年十一月五日國民政府令，修正公布之漁業法第二條「本法稱行政官署者，在中央爲實業部，各省爲實業廳，未設實業廳者爲建設廳，在地方爲縣及市政府。」又同月一日以實業部令修正公布施行細則第二條：「漁業行政官署除第二條所規定者外，在隸屬行政院之市爲社會局。」至此漁業行政系統，始稍釐定。

第二節　漁業之防護與稅捐

我國自殷、周直至清季以前，社會經濟，旣停滯在農業社會之階段中，漁民之行漁工具——如漁船、漁網具等——及技術，又未發達，所可出漁地域，僅及於江河及海岸附近，衣食所資，欲以漁爲專業而謀生，勢不可能，故沿海居民，大都就農閒以從事漁業，加以歷代重農主義思想之發展，漁業在我國國民經濟上，始終處在副業之地位，政府亦遂無所謂漁政。然漁民生長海隅，熟習水性，扁舟短棹，飄忽自如，每當社會動亂之際，或海疆多事之秋，漁民輒爲其動亂中之重要成分，使政府不能不謀所以解決，於是放棄已久之漁業，始引起社會及政府之注意，凡漁業防護、漁民組織、漁民自衞，乃由此種事實之反映而爲漁業史上之惟一要政，如明中葉之編訂漁船，清季以來之舉辦漁團、漁會，均爲彰明可考之事實。

其次爲政府重要之漁業行政者，爲漁業稅捐。所謂漁稅，秦、漢間蓋已存在，漢初有所謂海租，鄭樵通志略食貨篇中曾載：『宣帝時，耿壽昌奏請增海租三倍，天子從其計，御史大夫蕭望之奏言故御史屬徐官家在東萊，言往年加海租，魚不出，長老皆言武帝時，縣官嘗自漁海，魚不出，後予人，魚乃出，』是當時已有漁稅。王莽時『令諸取鳥獸魚鼈……皆各自占所爲於其所在之縣官，除其本計其利，十分之一，而以其一爲貢，』是魚鼈均以十一爲稅。唐代上元間，勅江、淮堰壞，商船牽船過處，準斛準納錢，謂之「埭程，」當爲各項船舶通過稅之一種，爲後日船捐之濫觴。近舊劇中有「打漁殺家」一齣，爲當時漁稅之社會背景，俗稱係水滸傳中事實，因劇中人花榮等爲水滸傳中人，雖其時代已不可詳考，然觀劇情，總在明季以前，則在當時社會之漁稅情形，已畢露無餘矣。

清季以來，漁業稅捐，或按漁獲物價值課稅，或依漁船大小收捐，前者俗稱魚稅，後者稱爲船捐，其性質間有不同，而爲漁業稅則一。魚稅多採包辦法，係招商承包制度，承包官吏，額外浮收以肥私腹，人民負擔與國家收入，其間差額，甚爲懸殊，最爲惡弊。或採委任制，吏胥苛擾敲剝，其弊亦與包辦法無殊。船捐原爲與護洋緝盜有相輔而行之關係，亦常藉此種名義以征收船捐，然其後則漸變其性質，而爲牌照稅之一種，僅成爲財政上之收入。又有護洋費，亦稱護網捐，卽船捐之一種，如福建自護洋緝盜條例公布後，以鹽運使公署巡邏船當巡緝之任，所收護網捐，依定置漁具之種類而異，分大網小網翻網三種，其中又分爲二，其一爲對於網之保護之賠償金，網一張每年出洋二元五角，其他爲作巡邏船之運轉及匪徒押送之費用，每年五角至二元，以距離遠近而異。廣東則設立全省漁團保甲總局，各處設分局，每漁船所負擔之船捐，分爲四等，一等八元，二等六元，三等四元，四等二元，各省辦法，多不一律。玆將清季以來，我國漁業之防護與稅捐及其相互關係之史實，其較爲有系統可考者，分述如下：

（一）浙江漁團與漁業防護及捐費　清季以國際潮流所趨，兼以外患時興，光緒十年檄沿海各廳縣籌備組織漁團，浙江舉辦最力。旨檄既下，浙撫委大對漁船幫永安公所董事華子清爲漁團總董，稽查漁民，編列保甲，給照收費，以供局中經費開支，有餘例充漁民善舉，或僱勇辦護（係左宗棠督兩省時所規定。）華子清則將所餘經費專充其本幫護船之用，偏其所私，不顧他幫盜禍，六邑士紳，咸爲不平，聯名控告，漁團遂卽取消，距開辦時間僅九閱月耳。至光緒二十二年，中日戰後，查悉旅順之陷，實由我漁船引渡，清廷聞驚，因援先例諭飭沿海各督撫籌辦漁團。浙撫廖某令寧、台、温三府，飭其所轄廳縣，會督士紳，各就本地情形，擬定辦法，限是年三月一律開辦。豐南公所董事劉孝思，參酌時宜，條陳府尹詳省，旋經浙撫院批交布政司立案施行。其條陳對於當時辦理漁團辦法，頗爲詳盡，附錄於下：

（1）勤編查　合屬各幫漁船，散處海濱，非在漁汛之前，認眞分別編查，不能盡歸約束。應由各員董先期分赴各鄉村，督率司巡，按戶編册。凡漁船每十艘爲一牌，立牌長一人；十牌爲一甲，立甲長一人。由局重選其幹練誠樸者專任之。其偏僻小村，漁船不滿十艘者，聽其四五艘或五六艘爲一牌，務求實際，不必拘定成格。

（2）嚴互結　漁船領照，必令取具互結，以別良莠。如無互結，卽由局董將該牌照扣留，取親鄰確實保結，方准給照出洋。

（3）嚴連坐　漁船中有作奸通匪者，起初形跡未露，偶被遮瞞誤保，後經察覺，當具詞稟局，該船犯事，始可與互結之船無干；但不許於犯事之日始行呈報。

（4）定賞罰　漁船出洋，如有奸通匪類等情，其同牌有能擒其首到官者，審實後卽以該匪奸之船貨，酌量賞給，以示鼓勵。

（5）嚴稽查　漁船進出口岸，爲鄞、奉、鎮、象、定各廳及石浦、乍浦、沈家門等，均由各局董事，督率司巡，切實查驗，並按船書蓬烙號以專責任，而絕弊竇。

（6）牌照　由局移廳縣會印，然後給董收領，憑給漁船，庶廳縣既不得置團務於事外，而胥吏亦無從索浮費於漁民。

（7）裁減規費俾漁民樂從　凡漁民向廳縣領印照，繳費若干，現照減去二成，實收八成，從前未領廳縣照現始編給者，即比較向領縣照之船，一律酌減，其大船核收大洋二元，中船一元五角，小船一元。如墨魚船小對船等，再減收五角，以示區別而資體恤。其各幫牌甲長旗號及墨魚全幫旗號，均由局辦給，不取分文。至查驗規費，照營台向收原數，減收五成，以充公用。此外不准司巡需索留難，及勒取鯗魚，以除積弊。

（8）墨魚船幫　每船酌收照費洋五角。其洋提繳寧局一千元，以備製旗照，並津貼局用之需；餘歸該幫司員柱首薪水伕馬支銷。倘仍有盈餘，即由該幫存儲，以備建造公所之用。每屆漁汛已畢，將同幫船數並支銷各款分項開列，榜示通衢，以絕浮冒。

（9）寧、定、鎭三處　各立縣局，以資辦公，其沿海各鄉村及海島，有另設分局辦理者，有就漁業公所兼理者，因地制宜，選派司巡編查，以資周密。惟奉、象二邑，漁船較少，辦理簡易，毋庸特設縣局，但就沿海漁戶繁盛處所，設立分局編查，以節經費。

（10）漁戶牌甲名册　並各局董收支清據，每年於十二月間彙造呈送。

（11）漁幫自僱護船　原屬漁戶等萬不得已謀保護生命起見，然誤被匪類私護，恐致抑勒之害，嗣後漁戶稟請各憲，給發護照，應飭各局董確切調查，並無私護抑勒情弊，始准由局稟請給諭，派弁督帶。

（12）經收減成照驗各費　除各局支銷外，餘款俟年終提解寧波支應局專款存儲，以便漁團要公之用。

寧屬委員，爲畢貽策、胡鍾黔、李炳堃、劉鳳崗等四人，設局開辦。經費初由寧波支應局領給，其後照章征收。未設局前，此項經費，均由各縣經收，分爲商採、靖渡四種，商船自四元至二元五角，俱以各縣雜稅，不是正式國課，官吏任意報銷，胥役互相隱瞞，漁民繳費視其强弱多少不一，又有驗費鮝魚等名目。漁團成立，稍清積弊，然積久玩生，又以漁民散居海島，平日各事生業，不相聯絡，不特不常與委員會面，即在局司董亦莫知爲誰，惟憑各處散董給照收費而已。於是知漁民無可團練，乃專注於巡護糾察，局中本有師船兩艘，隨時駛往各海島，稽查船牌之有無，以別良莠，並以戢奸宄而杜引港。變通之初，尚甚講求，既而中、日戰爭結束，海防漸撤，師船巡察，亦成具文，而局中尸食者，除總辦總董之外，又有會辦、委員、紳董、司事、散董等，名位不一，支應漸濫，其始終實在辦事者，祗有司事之率勇查驗，散董之給照收費。而局所開支日漸增大，初辦年支洋九千元，二十四年支洋一萬一千餘元，致所有收入，不敷開支，其後撤局改歸廳縣辦理，廳縣給照收費，而稽驗各口，仍歸局辦。由郡城率總局全屬，二十一口岸，設支局八，用司董三十二，書記巡丁二十三，令其按年限繳七千元，分七期解府，溫、台兩屬，亦同時規定，溫則年解五千一百元，台則年解四千三百元。至此所謂漁團已失其原有之本意，而僅成爲政府收取稅捐之機關，紳董索詐之工具而已。

辛亥光復，漁團制度在浙尚未撤消，迨省議會成立，議決浙洋漁團試辦章程，凡請領旗照者，應按等繳費，費分三種，以梁頭之大小爲準，八尺以上者爲大頭，繳費洋二元；七尺以上爲中號，繳費一元五角；六尺以上爲小號，繳費洋一元，均以營造尺計算，並以尺碼號編塡照內。每船又給國旗及漁團旗各一面。至漁團局設施稽查，一如舊規，惟驗查等槪行豁免。七月一日依議決開辦，改名浙江漁團局，直隸於浙江財政廳統轄。寧、溫、台舊府屬均派員辦理，並由省派郭鳳鳴爲委員。二年二月改委陳企宋接辦，陳係日本水產講習所卒業，頗致力於調查漁業狀況，以繳費不及額數之半，漁團牌照不能進行，後又將牌照改名漁團捐，征收制改爲包商制。當時並將商船與漁團局劃分，以商牌之一部歸水警廳兼辦，牌照則仍由漁團辦理，惟是商船漁船間之糾紛紛起，蓋各幫船舶，大抵漁商兼營者多，或於漁汛期間專事捕魚，漁汛旣去，卽以原船往來各口岸收裝米糧雜貨，或以自己漁船購運自用之糧食雜物出口，或運自捕之魚介入口，凡此皆爲漁船所不免。自商牌歸水警廳領給，水警恃勢橫行，巡船徧海，稽查甚嚴，將以上所舉之船，一律加以影射，勒令漁民補領，漁團捐因此亦無法進行矣。自牌照之主管中失，水警卽將其歸納商牌五等六等之例以給之。五年二月，省會改訂辦法定名爲船舶牌照費，漁團名義，自此取銷，惟在牌照單內塡明漁商字樣，照分八等，設局派專員辦理，直隸於財政廳，並受水警廳監督，按月繳費，亦歸水警廳彙解省庫，至外海船舶，不論航行停泊，均由水警查驗。六年復撤專局，將全部事務劃歸外海水上警察廳兼理改爲外海水警廳船舶牌照處，所謂漁業海上之保護，名義上亦全歸爲水上警察廳之責任。

（二）江、浙漁會與漁業防護及捐費　光緒三十年張季直既條陳商部，籌設漁業公司，江、浙漁業公司首先成立於吳淞，成立之初，原有「分類編船，分船編人，分人編姓，使皆瞭然，易查易察，以省局縣會爲目」之計劃。加以當時公司經營伊始，漁民不明事情，謠言蠭起，以爲公司專爲牟利，與民相爭，一方又以釐卡收捐，並有索取陋規者，於是舊有漁船狡黠者，乃有冒掛外國國旗，以使釐局免捐，海關減稅。同時海洋不靖，海盜縱橫，因此漁業公司總董樊棻乃稟明蘇、松、太道設立漁會，以沿海漁戶爲會員，並將漁會附入漁業公司，以公司之漁輪舍捕魚而外，兼以保護加入漁會之各漁船。茲將其原稟內所述當時漁船吳淞進口時繳納稅銀情形及漁會章程摘要錄下：

「光緒二十四五年魚船進滬吳淞釐局收大船捐每次錢七十四千文，小船捐每次五十六千文，關稅大船二十七千八百五十文，小船十五千七百五十文，如看艙埠頭一切規費每船每次非用錢一百餘千文不能進口，漁民不堪其苦，遂有熟識法商之華人出爲包攬，每船每次收洋銀七十圓，一律改掛洋旗，釐局免捐，海關減稅，每大船繳稅銀十二三兩，小船三四兩不等，所有向索陋規之人，亦遂不敢過問。」

江浙漁業公司漁會章程

（一）爲欲合江、浙沿海漁戶，團結一氣，休戚相關，故公司力任保護開通之義務。

（一）願合漁會附入本公司，給予中國外部移明各國外部并海陸軍之合衆公司旗，另掛一公司編號旗，使各國兵商船及海關易於識別。

（一）魚船號旗，每屆正月，分由該幫漁幫柱首開列船戶編號淸册，向本公司領給，以歸一式。

（一）會內魚船由本公司給予編號船照一紙，每次裝魚進口，先將船照送公司核驗，並報明魚數若干，由公司查明，代爲完納關稅，聽魚船自行投行銷售。

（一）船照及公司旗，一年一換，大船納旗照費兩元，小船一元，其費充漁政總局之用。

（一）願入漁會之魚船，凡裝冰鮮進滬者，向掛洋旗，每船每次出洋銀七十圓，今議減省大船按八折，每次繳洋五十六圓，小船按六折，每次繳洋四十二圓，其銀圓卽由經售魚行照數扣除，繳入本公司，代爲完納關税嘓鈔諸費。

（一）魚船進口，每次所繳洋銀，除完納關税嘓鈔及漁會中定章應支各款外，贏餘之數，貼補官墊漁輪價款之息，并備充漁政總局之用。

（一）本公司係江、浙合辦進滬之冰鮮魚船，多係浙民，理合查照浙江鎮海關鮮魚每百斤征税銀四分之則例，魚船到埠報關驗征，以照一視同仁之理，抑或參酌江、浙税則通融辦理，不分船身之大小，祇計魚汛之旺衰，每年以四五月爲旺月，餘皆衰月，旺月每魚船完納江海關税銀十兩，衰月每魚船完納税銀五兩，庶海關無稽查之勞，而漁民樂遵循之易，至魚船出口時，仍請江海關照章查驗，以杜夾帶偷漏之弊。

（一）逢星期及停征日期，冰鮮船進口，如欲啓艙上貨，請照帆船定章核減，五成繳費，以示體恤，其費由該魚船自任，由售魚行家扣除，本公司代爲完納。

（一）魚船大小，向以樑頭尺寸爲準，今定前樑頭營造尺八尺以外爲大船，八尺以内爲小船，每屆給照編號時，量準尺寸，填入照内，如有弊混，一經察出，歸該幫柱首議罰。

（二）魚船進口，除關稅噸鈔費由本公司代爲完繳外，其餘善捐及巡捐等項，爲數不多，均歸魚船自繳。

（一）總會附於漁政總局，每年或春秋團聚一次，會議利弊因革及如何擴張之事。漁會成立以後，江、浙洋面遠鮮盜警，漁民亦稍輕負擔，頗有成效。但日久玩生，其弊漸滋，漁會之代理進口魚船報關事務及一切征費之權，蓋以此爲濫觴，當時漁會及漁團局二漁業團體同時存在，漁團局爲捕魚魚船所組織，歸各幫魚船之公所等主持，而江、浙漁會，則爲冰鮮魚船所組織，歸冰鮮魚船幫主持。前者以牌照稅爲主，另收護洋費雇勇租船以爲保護，而後者則以報關費爲主；亦有船照費，而以漁業公司之福海漁輪爲保護船。

（三）河北漁船稅捐之沿革與漁業防護　河北省在清季，天津、清苑二縣，各有魚行，每年納帖費若干於縣署，發給諭帖，代客買賣，抽收佣金，時政府所征於漁者僅貼費。光緒三十一年，取消魚行，改設漁業公司，天津本埠設分公司四處，官家自辦，沿海沿淀分公司，則招商承包，代客買賣，抽收雙方佣金各三分，外加錢色二分，卽爲值百抽八，然與漁稅則其性質稍有不同，此時沿海岐口、大沽、北塘、神堂、柏各莊設置漁船捐分局多處，直轄於勸業道，按船之大小，每年收捐一次，用爲護洋費。並備有帆船二隻，裝設礮位槍枝，往來巡弋海面，盜匪爲之斂跡。民國成立，津縣參議兩會，以共和告成，呈請省署，豁免漁稅，一時准予停征。旋改官督商辦，改漁業公司爲漁業稽征處，津市設稽征處二，下設銷售所十處，由津市各魚行承辦，以征費所得半數歸稽征處，半數爲銷售所所有，各縣承舊辦理。後又改委朱大信爲委員，督征漁稅船捐等事，自後制度屢易，人員屢更，沿海漁業稅捐稽征區域之劃分亦屢經變動，要皆不外乎漁稅船捐之如何設局分卡招商承包而已。而朱大信則爲自民初以至現在之最老於此中經歷者。民國五年，滄鹽、津寧海岸人民李文祥、周馥庭、翟子香等復創設商漁聯合會，每年最大船隻，納會費十元三角，作爲護洋費，與海防指揮部合作，每年收會費約三四萬元，交海防指揮部支配，然則權力僅及於滄鹽、津寧各縣。民國十七年，北伐告成，津市警備司令部以其收費擾民，命令取消。民國十九年河北財政廳長姚鋐委朱大信籌辦沿海船捐，取銷河務船捐及舊有之漁船捐局，不分商漁，各船一律征收船捐，名曰河北沿海船捐征收處，商船按三季半捐納，漁船按三季捐納，專備海防經費，緝捕海盜，保護商漁各船，玆將其沿海船捐征收處章程第二條錄下，可知漁民對於船捐之負擔。

第二條　征收船捐按船隻長度尺寸，分別列等如左：

一等四丈八尺以上至五丈五尺	每季十四元
二等四丈以上不滿四丈八尺	每季十元
三等三丈三尺以上不滿四丈	每季八元
四等二丈五尺以上不滿三丈三尺	每季六元
五等二丈以上不滿二丈五尺	每季三元
六等一丈五尺以上不滿二丈	每季繳納免照費一元

逾五丈五尺者，每長五尺者遞加一元，不足二尺者不加。量船應前讓浮頭，後讓滾水槽，船照長度半數折算。

以上尺寸均暫按市尺計算。

商船三季半繳納，漁船免冬季半捐。

凡完納船捐者，由本處或各卡發給旗照，每季應納旗照費三角。

民國二十年，國民政府明令取消漁稅。是年七月遵令取消漁稅，沿海漁船捐則仍照納。全省漁船稅捐在淸末季每年不過四五萬元，民三至民十九年間，漁稅船捐二項稅額，已增至二十五萬元以上，巡洋木質礮艦，改隸海防指揮部管轄，因經費支絀，無法出海巡弋，故漁民除納捐費外，所謂防護，徒藉以作斂費之空名耳。

（四）國民政府之漁稅廢止與漁業防護　民國十四年孫傳芳任五省聯軍總司令時取消江浙漁會，改組爲江浙漁業事務局，由漁業事務局征收按漁獲物值百抽五之稅，然規則中雖訂定照市價征收值百抽五，但事實上其征收方法分爲下列二種：（一）以擔數論每擔平均作價八元，值百抽二五；（二）以船論，每船征收三十元。江浙漁業局並代冰鮮魚船之進出上海、寧波口者代向海關報關，每船收洋十五元。國民政府成立，當時北伐尙未完成，行政未能周密，卽以江浙漁業事務局撥歸財政部管轄，十六年十一月十八日由財政部將該局章程修正公布，仍征百分之五之漁稅，玆將該項章程附錄如下：

修正江浙漁業事務局章程十六年十一月十八日財政部公布

第一章　編制

第一條　江浙漁業事務局，隸屬國民政府財政部，掌理江浙兩省漁業之振興及漁稅之整頓事項。

第二條　江浙漁業事務局設局長一人，由國民政府財政部委任之，管轄範圍內一切漁業及漁稅事項。

第三條　江浙漁業事務局設祕書二人，由局長選任之。

第四條　江浙漁業事務局設課長三人，承局長之命，分任總務督察保衞三課事項。

第五條　江浙漁業事務局就江、浙兩省漁業繁盛之區，酌量情形，劃分區域，設分局若干所，分局設分局局長一人，由局長遴員充任，承局長之命，分任各該區漁業及漁稅事項。

第六條　各區域應於魚產豐富地方設立漁業稽征所，各設所長一人，稽征員若干人，由分局長遴員呈請局長委任之。

第七條　局長對於本局及各分局各稽征所人員，負有任免及監督指揮之權責。

第八條　江浙漁業事務局成立後，凡江浙兩省原有沿鐵路及水陸各稅所征收之漁稅，完全歸劃本局，照章抽稅，所有私立各漁團應一律取消之。

第九條　江浙漁業事務局成立後，應呈由國民政府財政部分咨江浙兩省政府，令行各縣各地方水陸軍警及各屬總分各商會一體知照，並於各分局及各稽征所予以協助保護。

第二章　征收

第十條　凡江湖河海水產品物及產區銷區之鮮乾醃滷等項魚類，應照市價暫定為值百抽五，悉就各區魚行征收之。

第十一條　凡征收稅款，應即時填具聯單（擬草樣式另定之），由各區域按旬連同單報解本局彙齊，按月造具收解清册，一併呈解財政部。

第十二條　征收漁稅，照市價值百抽五，即每百元抽洋五元。由本局刊發簡明布告，揭示魚行，一體知照，遵章報稅。如報稅不實，或有走私漏稅等情事，應分別輕重處罰，各行戶亦不得借端高擡低壓或其他種種勒索。

第十三條　凡產區與銷區非同在一地域者，應在產區時抽稅百分之二·五，至銷區時再抽稅百分之二·五，補足值百抽五之數。漁戶過區，遇貨未售出，無資納稅時，得由該區或稽征所查驗實貨若干，塡給驗單放行，至銷區時總所持驗單帶收百分之二·五之出產稅。銷區收得前項稅款，應卽匯交產區之征收機關，並准得將匯費扣還。

第十四條　凡由產區而銷於他處者，如無前條所述之驗單，或驗單失落時，仍應由銷區按值百抽五之稅率，一律抽足之。

第十五條　就行征稅實爲統一漁稅辦法，嗣後漁戶取魚以及鮮乾醃滷一切水產物，均須歸行買賣，其有私自出售者，應責任魚行檢舉報局懲罰。

第三章　防範

第十六條　江浙漁業事務局，得隨時派巡視員，承局長之命，分赴各區巡視所轄各機關及漁業漁稅各種情形，報告局長。

第十七條　各稽征所辦事各員，由主管分局隨時查察防範，如有與船行店盆販各戶串同舞弊，或違法苛索，不能實行保護時，主管分局查明確實，應卽呈報本局分別核辦。

第十八條　江浙漁業事務局設稽查若干人，分赴經營漁業各種行店稽查逐日行情及出入貨物重量、銷售帳目，有無流弊，隨時呈報局長。

第十九條　各區漁船之在海洋江湖往來取魚爲業者，應另領船牌，（漁船牌照條例另定之）並編列號碼，由各分局、各稽征所、各巡船隨時稽查之。

第二十條　各稽征所暫設巡船若干號，分駐要隘地點，防範漏稅及其他情事。

第二十一條　漁船停泊地點，如有其他船隻混雜其間，認爲形迹可疑者，由巡船報明分局長所長，一面督同漁團聯甲，隨時搜查，其關係較爲重要者，應由分局長呈報本局核辦。

第二十二條　漁船有藏匿違禁物品或夾帶贓私貨物時，一經查獲，得將該船扣留，並卽時呈報本局核辦。

第二十三條　關於魚行漁船保護事項，應由本局呈請令行所屬各地差役、江快、河快、土豪、劣紳，仍前需索陋規及有藉端借貸不時騷擾情事，應由地方官廳嚴行取締。

第二十四條　凡遇同業交爭或恃強欺壓情事時，隨時勸止或和解之。

第五章　經費

第二十五條　江浙漁業事務局及分局各稽征所，由漁稅項下提支二成爲經常費，及改良漁業並其他費用。

第二十六條　本章程遇有修改之必要時，得由本局呈請財政部修正之。

第二十七條　本章程自公布之日施行。

是年十二月上海總商會、魚商永豐公所、台州公所、長安公所等十七漁業團體，歷陳漁稅苛擾情形，呈請財政部令飭江浙營業事務局停止征收，其呈文內有云：

『江浙漁業事務局在谿壑無魚之處，亦均佈滿稽征員役，向來魚貨就地行銷，並無應納稅項，卽由產地經過稅卡，運銷他處，按照蘇省貨物稅章程，在本省大江以南，祇須納值百抽二之貨物稅一道，卽可通行無阻。今乃不問其爲就地行銷，以及運銷他處，概須課以值百抽五之稅，殊非嘉惠民生之本旨。魚類水產物應完稅項，已有四道或五道之多，而原有之水陸稅所，自該局漁稅辦法宣佈後，所收魚類水產物各色捐項，是否悉行停收，統歸該局辦理，迄未見有明令宣布，更足滋人疑慮。』

同時江浙漁業事務局局長譚兆鰲，則謂開征值百抽五辦法，原係化零爲整，俾將各項雜捐一律取消歸併之意。財政部根據上項事實，擬具意見，謂欲謀解決此項糾紛，有先應注意者三點：

甲　旣以振興漁業爲設立漁業事務局之本旨，上海總商會所稱日人越境採捕，各島海盜騷擾等情，自宜加意救濟事務之傾向當然重在江海而不在內地。

乙　江浙兩省各關局卡，魚類應完捐稅旣已多至四道五道，自必實行取銷，乃可併征新稅，否則漁商擔負過重，糾紛在所難免，且按諸化零爲整原議，亦爲先後不符。

丙　醃魚乾魚等類，大抵廣銷內地，與江、浙兩省財政廳固有稅收，向多關涉，若完全劃歸漁業事務局主管，在財政方面，不免有所爲難。

又依據上列必須注意之各點，擬具辦法四項：

第一　江浙漁業事務局設局稽征區域，以沿江沿海一帶爲限，凡屬內地，不設分局及稽征所。

第二　征收漁稅，以鮮魚鮮水產動物爲限，凡醃乾魚類所有稅課，仍由財政廳照舊辦理。

第三　鮮魚鮮水產動物所課稅率，應參照值百抽二舊稅及值百抽五新稅，酌量減輕，改爲千分之五或百分之三。

第四　鮮魚鮮水產動物之應課新稅，全歸江浙漁業事務局主管，其從前所有舊稅，除海關常關照常辦理外，凡其他各色釐金省稅雜捐，一律取銷歸併，實行化零爲整。

呈由國民政府於十二月十三日批准，仍由財部就此項原則再度修正江浙漁業事務局章程，令飭該局，切實遵行辦理。但其後漁稅之征收，即江、浙兩省亦略有不同，即浙省則指定鎮海、定海、鄞縣、臨海、永嘉、平陽、玉環等沿海各縣均以縣爲單位，可以設局征收。江蘇省則指定寶山縣屬之吳淞口，南通縣屬之環本、歇寓、蒿枝三港，東臺縣屬之南彌港，鹽城縣屬之門龍、新洋兩港，灌雲縣屬之灌河、西墅兩口，灌東交界之臨洪口，贛榆縣屬之青口，崇明縣屬之相見港等，計共港口十二處，均以港爲單位，範圍較狹。經事務局呈請江蘇省政府，請將前經指定沿海各縣援照浙省成例，以縣爲單位，凡該縣所屬沿海各港口漁稅，概由事務局各分局統一征收，至從前隸屬崇明已劃分爲啓東縣屬之外沙各港，亦併歸崇明分局管轄。結果江蘇省府飭令各縣查詢有無困難情形，及所得餘款，是否可以作爲建設之用，一時仍未能劃一。

政府既令江浙漁業事務局，從事征收漁稅，一面又將前江浙漁業公司之福海、富海兩漁輪，撥歸江浙漁業事務局備用，其代理報關及收護洋費等事，亦歸江浙漁業事務局辦理，並經當時江、浙兩省政府擬具意見商同辦法：（1）取消內河漁稅，漁稅征收以外海爲限，（2）漁業事務局所有收入，除開支外，應將餘款四成，提充中央學費，以各三成作江、浙兩省漁業建設費，（3）江浙漁業事務局，應受江、浙兩省政府之監督，並由兩省政府建設廳各派稽核員一人駐局辦事。

民國十九、二十年間，日本漁輪至吾國沿海侵漁者，日形猖獗，吾國漁業，大受影響。各團體俱紛紛呈請國民政府，救濟本國漁業，並嚴禁日輪侵漁，國府乃於二十年三月二十八日頒布豁免漁稅令，內云：

「吾國漁業，日見衰落，如非積極提倡，實不足以資挽救而圖振興，茲將所有漁稅、漁業稅，一律豁免；嗣後無論何項機關，皆不得另立名目，征收此項捐稅，以副政府廢除煩苛、維護漁業之至意。」

各省漁稅，遂相率廢止，同年九月取消江浙漁業事務局，改歸實業部辦理，所有漁輪巡艦由實業部派員接收。實業部因鑒於保護漁船之重要，會同財政、海軍兩部，擬具保護漁業實施辦法，又改設實業部江浙區漁業管理局。該局移歸實業部後，以每月經費僅六千元，難供局中員役及巡艦給養之需，每到漁汛，恆賴護洋費爲生，即漁船如請求巡艦出海護洋，必先繳納護洋費若干，否則此等巡艦，因缺乏煤炭，只得停泊上海黃浦江。民國二十一年，陳公博氏既長實部，以政府機關而賴並不公開之收入以爲維持，局所既流弊滋多，政府長官又無法監督，殊非所宜。遂於民國二十一年六月決定籌設全國各區海洋漁業管理局，將全國沿海，劃分爲江浙、閩粵、冀魯、遼寧四區，各區各設一海洋漁業管理局，局下分設總務、保安、改進三課，江浙區即由原有江浙漁業管理局改組。民二十一年十月閩粵、冀魯二區，亦先後成立。派艦護洋，即爲重要工作。時江浙區原有福海等四艦，冀魯區亦購置前青島永和漁業公司輪船二艘，改造巡艦，從事護洋。然以組織及經費關係，多未能盡量發揮其效能。二十二年，設立江浙區漁業改進委員會及漁業建設費征收處，一面積極遣艦護洋，卒以障礙滋多，進行困難（另詳下節。）

二十二年十一月實業部提出裁撤各區漁業管理局等機關，江浙區海洋漁業管理局改設護漁辦事處，直屬實業部指揮。接收管理局所有巡艦，專事保護漁船，但力量微薄，不過爲現狀之維持而已。至民國二十五年四月，實業部取消護漁辦事處，以所有海鷗、海鴻二巡艦撥歸浙江省水上公安隊指揮，海鷹巡艦撥歸江蘇省水上公安隊指揮，表海巡艦已不能出海，暫交上海魚市場保管。於是外海漁業之保護，乃由水上公安隊負其全責，並不另設專司護漁之機關矣。

第三節　漁業建設費之糾紛

實業部自先後設立江浙、閩粵、冀魯各區海洋漁業管理局後，鑒於各局經費之支絀，發展之困難，因有籌議征收漁業建設費之計劃，並從江、浙區先行試辦。

民國二十二年，國民政府行政院通過此項計劃，令行實業部先行組織江浙區漁業改進委員會，以江浙區海洋漁業管理局長，江、浙二省建設廳長，上海市社會局長，漁業代表及漁業專家各二人組織之，以實業部部長爲主席委員，其職權爲經濟之保管、支配、稽核及其他改進漁業事項。

民國二十二年二月派定委員陳公博（實業部長）、陳鐘聲（江浙漁業管理局局長）、吳醒亞（上海市社會局長）、董修甲（江蘇建設廳廳長）、曾養甫（浙江建設廳廳長）、侯朝海、周監殷（專家）、林康侯、方椒伯、杜月笙、張申之、戴雍唐（漁業界代表），以陳公博爲主席委員，於二月十六日舉行成立會議，三月由實業部公佈改進委員會組織章程，同月由實業部公佈實業部漁業建設費征收暫行規程，茲將該規程附錄如下：

實業部漁業建設費征收暫行規程

第一條　漁業建設費依中央政治會議議決案，按漁獲物市價值百抽二，以一次爲限。

第二條　本規程所稱漁獲物係指撈獲或養殖之一切水產動物而言，無論鮮鹹乾製，一律在內。但池蕩養殖不得就產地征收。

第三條　漁業建設費由賣主負擔，得就銷售地各魚行，或躉售之商店征收之，肩挑攤販，概予免征。

第四條　因事實上之必要，得設漁業建設費征收處。

第五條　凡征收漁業建設費，應塡四聯單，一聯發給魚商，一聯存征收處，二聯分別呈繳實業部及漁業改進委員會。

第六條　凡漏不報征，及報征不實者，得酌量處罰，其罰則另訂之。

第七條　本規程施行細則另定之。

第八條　本規程自公布日施行。

規程既行公佈，乃由江浙區漁業改進委員會組織漁業建設費征收處，以委員戴雍唐兼任該處主任，規定自四月十五日起開始征收。戴即着手設立辦公處於上海小西門黃家闕路長安里，將江浙劃定區域，設九征收分處。同時實業部亦於四月十五日佈告開征。時上海魚行紛起反對，拒絕代行征收，旋經江浙區漁業改進委員會議決暫定征收額爲值百抽一，並召集調解。當時寧波鮮鹹貨行業，暨杭州火腿醃臘魚鮝業同業公會、嘉興縣商會、嘉善冰鮮行業同業公會、蕭山成志堂南貨公所及聞家堰、餘姚、石浦、崑山、鎭江、鹽城、贛榆等處反對之聲，一時並起，上海各冰鮮魚行反對尤烈。官商各執一詞，官方則以漁業建設費既係取之於漁用之於漁，是與漁稅雜捐不同，又征收、保管、支配、稽核均由江浙區漁業改進委員會負責，而改進會又爲集合多方面而成之組織，當然可以切實辦理，不致如國課之流於他用，且漁建費開征之後，其他各省牌照稅一律取消，實際漁民負擔只有減輕。商方則以爲既取之於漁不應向魚行征收，且海味鹹魚係舶來品，當進口時，已經海關報稅，再征建設費，係屬重稅加征，堅持不下。當時實業部曾一再令行上海社會局從嚴取締，然上海魚行多在法租界內，爲政府勢力所不及，而征收處亦組織散亂，稽征人員時有苛擾，遺人口實，一時頗難着手解決。江、浙漁業建設費征收風潮既相持未決，故此時頗呈一混沌狀態。鎭江、南通、溫州等處，雖自九月開始征收，但各地尙有始終未能開征者，至十一月十日，再經上海閘商調解，始商定辦法五項：（一）漁業建設費由冰鮮同業公會勸導代收；（二）國產鹹魚乾製貝類行銷地，概不征收建設費及扣貨留難等情；（三）桶頭魚鮮在第一次投行時，征收建設費，滬地不得再收，其漏而未征者，始由滬行代收，如有窒礙則通知征收處辦理；（四）建設費以値百抽一爲原則，實業部予以相當之保障，如有變更時須先徵求公會之意見；（五）冰鮮同業公會代收之漁建費，由公會收集彙解，征收處如認爲有稽核之必要時，得派員會同公會代表到行會查，並提出附件，卽漁業建設費之保管，冰鮮同業得派代表參與經江浙漁業改進委員會之允可，漁建費之糾紛，始告終結。

在實業部擬征漁業建設費時，估計江、浙兩省可征收九十五萬，除開支外每年可得五六十萬。其後征費額既減爲百分之一，又有若干種魚產部份之豁免，而當時估計亦並未精確，故每年可征收之數大減。而江、浙兩省政府多以漁建費開征以後，牌照雜捐既須廢除，爲補墊省費起見，要求於漁建費項下撥款補助，故每年漁建費即能順利進行，亦僅祇供各機關之事務開支，建設已邈不可得。乃於十一月二十一日，行政院會議時，提議將江浙區、冀魯區、閩粤區之漁業管理局及各區漁業改進會，漁業建設費征收處一律撤銷，漁業建設費亦停止征收，至此轟動一時之漁業建設費乃完全結束。

初，江浙區既開征漁業建設費，同年八月，實業部又派李士豪爲冀魯區漁業建設費征收處主任，先後籌設總處於青島，設分處於天津、煙臺、威海衞，以各種章規，多未具備，延未佈告開征，僅從事於沿海漁業情形之調查，尚未滋生糾紛。旋實業部又令征收處暨冀、魯兩省主管廳局長及專家漁民代表等，會同組織冀魯區漁業改進委員會，尚未召集，會實業部提議撤銷漁業各機關及停征漁建費，遂一律停辦。

關於漁業建設費之征收，水產界頗多同情，卒以政府組織力之薄弱，商人買辦勢力之高漲，以致失敗。茲錄陳公博氏之四年從政錄中一段如下，蓋亦一重要史料也。

『聽見有建設費的抽收，漁商羣起反對，不說是民生凋敝，負擔不堪，就說漁稅停止征收，政府久有明令，不可以復活。其實此事若能實行，免去許多陋規，漁民祇有減輕負擔。至於漁稅與漁獲物不同，征收漁獲物百分之五的法規，政府久已公布，因爲漁商反對的關係，及我提出本案，在審查時已和本來面目全非，中政會審查時，要實部成立一委員會，建設費由這個會去征收，並且規定委員會中要大部份委員爲漁業團體的代表，這麼一來，便失敗到底了。失敗的原因，可簡單的說說：

第一　我本着中政會的意旨，建設費的征收主任也派了一個爲漁業代表的人。委員會開會時，我詳陳漁業之必須救濟，漁民痛苦之必須解除，所征費用，卽取之於漁，用之於漁，實部絕不挪借一文以作別用，只望委員會努力負起這個責任，毋辜負政府之望，我的約言算是履行了，我也再不干涉了，然而這位征收主任雖由委員會公推出來，他是沒有這種經驗的，各地分處人員，大概多是委員和主任推薦的朋友，他們的智識，還是公所和魚行扣除佣金的經驗，對於政府期望一分都沒有注意，開辦幾個月，錢是收得很少，經費到用的很多，結果虧空政府幾萬塊錢，還要我來收拾殘局。到這時候，我只好自認辦理不善，再沒有勇氣去中政會提議，收歸官辦。我很知道今日有些人的心理總以爲人民征費纔靠得住，政府征費總靠不住，這些心理不止人民然，政府當局亦莫不皆然，就是我個人也深以爲然。這次經營和考慮了幾個月，而得到這個結果，雖然增了我個人一些經驗，實在執行法律起來，我非革職查辦不可的。

第二　中國的魚行差不多全在上海法租界的十六鋪，租界裏面，中國法令差不多是無效的，這案成立以後，在法租界內開始便無法執行。法使館不答應，法領館也不答應，我派人去交涉了幾次，法國方面到很客氣的回勸實業部不要抽這種小費。後來我纔知道法租界方面有牠特殊的情形，牠的習慣，就是不願意多理中國的法律命令。大概他的意思也不是專門和中國政府爲難，只因爲法國的勢力在中國並不算強大，每事遷就，不足以示其有力的意思罷了。

第三　因爲法租界不通，中國的漁商更傲然了。中間還有一二位輸入外國鹹魚爲生意的商人，恐怕魚類都要繳納建設費，每年他要繳納三四萬元，旣關切身的利益，又有租界作護符，於是鼓動漁商開會反對，呈文到南京、南昌了，電報也拍到南京、南昌了。雖然我很感謝政府始終不會因爲這些先生而動搖，可是我看見種種困難，再不能不斬釘截鐵的另謀一個解決辦法。

因爲這個委員會，我還受這一些閒氣，漁業旣有改進委員會之設立，那末各會員當然是同寅，一兩個艦長難免用了同寅推薦的人物。一次在中政會，陳肇英先生質問我說這個艦長花了二十萬元運動來的，一個艦長可以花二十萬運動，那末局長豈不要花二百萬。我絕不抱怨陳先生的質問，只怪這個委員會太多是非，我終於呈請行政院將江浙、冀魯、閩粤三區的漁業管理局，一律裁撤，改進委員會同時解散，建設費立刻停征，然漁民是依然不能不保護的，只有縮小範圍，改爲護漁辦事處，由漁牧司的科長袁良驊主任其事，這一篇自以爲得的文章，就在『但求無過』之下收筆了。

第四節　國際漁業賽會之參加

我國漁業賽會之參加，始於光緒末年，時意、美、比等國俱有漁業賽會之舉行，由各國使節照會請予參加，商部乃咨沿海各省徵集各項出品彙送會場陳列，並派專員前往參觀，以資借鏡。總計參加國際漁業賽會者，計有四次：一爲光緒三十二年（西曆一九〇六）意大利祕拉諾賽會中之漁業分會；二爲同年美國鉢倫之漁業賽會；三爲光緒三十三年（西曆一九〇七年）比國安凡士埠之漁獵賽會；四爲光緒三十四年（西曆一九〇八年）美國華盛頓之萬國漁業會賽會之參加，不但獎勵出品力求精美，亦且以觀摩各國漁業之設施與夫漁撈製造養殖等技術之進展，俾資參考。茲將迭次參加賽會情形，摘要如下：

（一）赴意參加漁業賽會經過

清光緒三十一年初，駐京義國巴使照會我國外務部稱：「本國於一九〇六年擬在祕拉諾地方設立賽會，會中特有漁業分會，今接本國政府諭請轉咨商部並海關總稅務司通知各省及通行水路各地方官出示勸諭，或漁業公司漁人，均行參加。」外務部轉咨商部，二月三十日商部咨行南、北洋大臣。南洋大臣以本案照會商部頭等顧問官翰林院修撰張謇（卽張季直），張於三月十三日承准照會，又先於初八日承准部咨，乃條陳意見咨文商部略云：「查歐洲漁業，自西曆一千六百八十二年英人設會於倫敦，凡畜魚之法，捕魚之具，莫不陳列。由是訂漁約、立漁政、設漁官，不數十年由三海里漁界拓充至二千五百餘海里。德、法、美、俄、義、奧繼之，漁業遂與國家領海主權有至密之關係。中國漁政久失，士大夫不知海權，現在漁業公司之設，萌蘖方新，安足預列國之賽會？然不可復悔於後時。宜令七省漁業官，及此表示於世界，一則正領海主權之名，今趁此會得據英國海軍第三次海圖官局之圖，繪製海圖以表明漁界，卽可以表明領海主權。在人可視爲尋常，在我可分明主客，此一義也。一則踐生與漁業之實，七省漁業多不相顧，但能七省設一總公司，各省各置二漁輪，不分畛域，彼此往來，依據中國領海舊界，而各立漁會之保護，俾各安其業。又趁此會場參考各國捕魚畜魚之法，先由總公司規仿章程，量爲變通，分漁界、漁具、漁船、魚類、水產、水產製造爲之類別。將此列表分寄奉、直、東、浙、閩、廣、皖、鄂、贛、湘諸省，飭該關道及商務局派員按表調齊解送吳淞漁業賽會彙集出品公所陳列，先自考查去苦留良，或製模型，或照相片，列表著說，附譯英文，別爲中國漁業史，漁界全圖爲之綱領。歷史即由蘇、松、太道延才編輯；全圖請大部會同外務部咨海軍統領薩提督鎮冰，按英國海圖官局第三次原本中國海方向書加以考覆，準經緯線，着色精繪。此書曾經福建陳令壽彭於光緒二十五年譯爲中國江海險要圖誌，應飭會同料理。此圖印成，可給漁業總公司各省漁業總會分會，並可由外務部連同赴義賽會章程，咨送各國駐京公使，並派員賫往義國，理合咨呈核奪。」同月十四日部令左右丞密函復張謇略云：「接咨評籌赴義賽會辦法，奉堂諭俟各省漁業表格賽會物品及漁界全圖彙送該總公司後，報名本部咨外務部會商派員賫往義國賽會，尊意擬就近以蘇、松、太道總理賽會事宜，尙屬可行等因。除咨各省催辦外，合先函達查照。」八月二十一日商部准張謇咨呈，即轉咨廣東水師提督南北洋海軍統領薩，略云：「查陳令所譯江海險要圖誌，係據英國總兵伯特利所成海圖官局第三次原本，惟原書限於篇幅，各圖散見其中，非繪成全圖，不足劃淸漁界，卽不足表明領海，應咨行貴提督督同陳令詳繪江海漁界全圖，限於光緒三十二年二月以前蒇事，另備三分，外務部本部各送一份存案，其一份送吳淞漁業彙集出品公所，聽候派員賫送義賽會」。同日亦咨行南洋大臣，略云：「查陳令所譯圖誌，原書二百零八圖，散見各幅中，而第二圖所繪中國濱海及長江一帶，下至中國海南羣島，亦限於篇幅，僅能略識形勢。現在濱海各省，於保衞疆土，不遺餘力，而領海主權，多未籌及。南洋爲衝要之區，江海各防尤關重要，應將此項圖誌，加以考核，準經緯線，着色精繪，江海漁界全圖，並該書內載中國漁船所到之處，地名及註說明華文，兼譯英圖原文如下，俾外人明曉，趁此會場，得據此表明漁界，卽可以表明領海主權。聞陳令已在江寧，請飭會同譯提督料理，相應咨行查照。」同日又通知盛京將軍，南北洋大臣，閩、浙、湖、廣、兩廣總督，山東、浙江、安徽、江西、湖南巡撫，略云：「查各國濱海實業，魚爲大宗，孵化有學，飼育有法，其要在設會研究。俄、奥有水產博覽會，德有海洋學博物館，美有水產大學校，英、法有漁業賽會，日本有水族館，本國漁產搜羅務盡，他國參考品亦重資購運。中國海產繁多，時有異種，卽船型網式亦殊。同治間曾有法人考求中國漁業，著爲圖書，攜回巴黎，而中國曾無專記之書，彙集之地，海權漁界，茫然不知。修撰所籌辦法，切實可行。本部重視實業，江海水產，卽不因賽會，亦應調查研究，陳列比較。爲此編列表格，分咨沿海沿江各省，派員查考本地漁業，按表填報，其有可以賽會之物，務宜裝潢完整，限於光緒三十二年二月以前徑寄上海吳淞漁業賽會彙集出品公所陳列，以候派員帶往賽會。」部又先電駐義使臣，預定本國賽品陳列地點。十一月初十日准覆電稱：「漁業公司佃地現擬定四日邁當，價二千佛郎。如造屋約二萬佛郎，陳列品物各件，須自製，價難預定。賽會旅費每人極儉月須五百法郎。該會已允留地，是否造屋，請詢明該公司速覆。」

三十二年二月初一日，部據升任江海關道袁樹勛電稟稱：「漁業賽會籌備各事，正在緊要，職道日內交卸離滬，賽會辦事人無所稟承，擬請先行電飭新任瑞道暫接公司監督事宜，日後辦法，嗣會商王右丞張顧問妥議續呈。」

同年三月，江浙漁業公司，上稟漁業監督，略云：「本年義國祕拉諾漁業賽會，疊奉憲台承准部照，令本公司代辦賽品，並札委員會先赴義國經理會場造屋事務。查中國漁業見於古者已盡淪湮，存於今者大多渙散，此次賽會自以漁海全圖漁業歷史爲要。去年南洋督憲暨憲台派員測繪編次，山東、江蘇、浙江海產，亦由公司知照漁會蒐集，此外各省並由公司知照各紳商代爲買致，天然品若珊瑚、若鱗介、若海菜，人造品若醃製、若乾螽、若罐詰、若酒精、若藥水製。至外海內江魚市場及各種漁船網具，或製模型或製攝影，大略粗備。本月中旬就上海租屋，另設會場，彙集出品陳列三日，觀者日數千人。駐滬義國領事及各西商，亦皆絡繹前來，僉謂在中國爲第一次例舉，遂能整理如是，可見中國海產之饒。本月二十日乘法郵船開行，旋奉憲台續派會員四名，押運賽品，卽於是日起程。所有賽會之海圖歷史以及魚類介類，船網樣型攝形片，並會員姓名經費款目備册稟請鑒核，一面繕印十四份備轉商部、外務部、奉直各督撫。所有經費約二萬六千餘金，除收奉、直、東、浙、攤款一萬六千三百三十九兩外，所短甚鉅，茲由公司暫墊，祈咨部電催江、浙、閩三省迅籌歸還。」漁業監督卽據以呈部。略云：「查義國漁業賽會部咨沿海七省合籌銀二萬五千兩，交該公司經辦。在上海陳列，監督親去查閱，詢知中國魚類極衆，現以非時之故，僅得十分之四，船網制度，亦僅得東、江、浙三省之大概。然配製精緻，足令觀者滿意，用費之省，亦中國從來出洋賽會所未有。現在福建分文未解，浙江短解規銀一千三百八兩，應請電促，一面仍由監督先墊。惟各國賽會，皆以求世界實業之所長，供我實業增進之知識，是以每一賽會之一二年，必先將其國內各處出品彙集於各處，考查良窳，然後進於匯總之處，經匯總陳列而後進之於大會，公有獎勵，私有名譽，以致其農工商人之競爭，而長其程度。卽此項賽會品食鹽罐詰兩類，設非通州呂四鹽田精製之鹽，足以抗衡歐洲，則無鹽可賽，設非通州温州自製之罐詰，足以抗衡香港，則無罐詰可賽，可見事必預立而學必觀通。此次漁業賽會既以此事敷設基礎，各員臨行，張顧問諭以各用所長，以華洋文各記所見，賽畢而歸，作增進中國漁業之根底。上年張顧問請設水產商船兩學校，轉瞬秋冬賽會卽歸，考查所得，亟待研究，不可不預爲佈置。擬卽就吳淞建設水產學校，力求進益，聞三數年間，日本又須開設博覽會，庶屆時前往不致令人訾議，理合轉呈鑒核實行。」當時江浙漁業公司並製有赴義賽會水產品物表，曾呈部備案。

又同年五月二十八日部准山東巡撫楊士驤咨略云：「據商務局詳稱，准辦理山東漁業公司王宮詹錫蕃咨呈：錫蕃於上年奉照會命辦義國漁業賽會，當卽趕辦，計劃山東海口總圖一幅，映照海口相片八頁，東省適用漁船模型二份，巨網捕模型一份，藥製東省各海口所出魚介二十六科，東省瀕海所產怪石八種，其餘醃製魚介暨製造水產品等，因恐紅海炎熱未能帶往會場者，亦由表內注寫，遵照部議各貨均於正月杪一律辦齊。旋於正月二十九日奉電開接袁京兆電，漁業賽會，起行在邇，請選熟悉漁業兼通中文英文一人到滬隨往，當卽選得蓬萊人同知銜孫錫純可備譯員之選，卽將賽會各品點交該譯員檢收。二月初四日由煙臺起程，旋接該員函於初七日抵滬，三月二十日登舟放洋。茲將寄於賽會各項出品表照錄敬呈等因，理合詳請備案並分咨外務部、商部查照等情，據此查赴義賽會尤爲例舉，前奉部咨籌攤總公司赴會銀兩，當經認銀三千兩匯解，茲准前因除分咨外務部外，應咨呈查照云。」足見當時各方對於參加賽會之熱烈。

該會場於九月二十五日閉會，計得獎憑獎牌百有餘張，賽會石商被火所燼之貨，遊人多購作紀念，以是赴會參加商等，多得微利。密拉諾城主贈寄二百五十呂耳，駐義大利大臣黃誥，又私送一百呂耳，參加商人均各欣然。閉會後華商賣出之貨，照章納稅，均各完納。所有漁業公司及華商等收拾貨物，延至十月二十七日，全行散歸。賽會場中，除漁業公司外，各商均爲圖利，不無貽笑外人之處。又此次漁業公司所陳賽品雖經組成，亦究遜各國。駐義大利大臣黃誥，購德國魚竿二條，又釣具等件，寄回國內，以致考求改良。

除參加義大利密拉諾賽會外，同年又參加美國鉢倫之漁業賽會。同年八月二十四日，比國外交部又照會中國駐比公使李盛鐸，略謂據漁獵公會會董言明歲自五月十一號至六月十二號在比國安凡士堡賽會，求李大臣轉商貴大臣，現令貴國漁業公司暨養魚公司，卽在義大利密拉諾會場者，貴政府當能允准令其並赴敝國會場等情，特將此意奉達。且密拉諾會將竣，如貴政府能從早飭知，免其將賽件運回，又復轉回，致多耗費，相應照會貴大臣查照轉達貴政府爲幸。十月初十日外務部准李盛鐸函轉送比國外交部照會，李盛鐸又分函農工部知照，農工部乃復將原有賽件送往比國參加賽會，此爲第三次參加漁業賽會。

（二）赴美參加華盛頓第四次萬國漁業賽會

三十二年十一月初二日農工部准外務部咨，略云「准美使照稱，准本國外部文囑轉知貴親王，美國漁業公所與漁業會，擬於一千九百〇八年九月二十二日起至二十六日止，在華盛頓開第四次萬國漁業會，茲按所囑，將所送該會印就章程及所擬各事送請查照，希派員赴會等因，並附洋文印單前來，應咨行貴部查照見復，以便轉復美使。」農工部復將已往參加第三次賽會陳列品，取捨整理，派員齎往陳列，一時尙博得美國各界之讚譽，茲將該賽會章程摘錄如下：

美國漁業會，一千九百年在巴黎成立。

一千九百年九月十四號至十九號會於巴黎。法政府請會。

一千九百〇二年二十四號至三十一號再會於彼得堡。俄國政府捕魚養魚會請會。

一千九百〇五年六月四號至九號三會於維也納。奧國漁業會請會。

茲擬於一九〇八年舉行第四次會於華盛頓，經美國漁業局之請也。

第四次萬國漁業會應照一千九百〇五年維也納第三次之宣言，聚集於美國華盛頓城中，斯會承美國漁業局及漁業會之招，當於一千九百〇八年九月二十二號開會二十六號閉會。

凡有注意於漁業者、養魚者、漁業管理者及各種合於斯會之旨之人皆可與會，並聆會中議論。

凡本國之各州各省及爲會爲社爲私會等，皆請公舉會員來會。

凡有願入座或有陳說於斯會者，請極早函寄本總書記員，其爲學堂報館書記員，願閱本會之組織，請將銜名住址寄會登簿，以便寄上續出之條款排單請帖等項。

計開章程九條如下：

（一）本會宗旨　本會爲商議各種要政，關於捕捉及養殖並呈教各問題及記載於各國各省各村鎮精於此者之前。

（二）本會會員　本會會員以本國政府之各州各省所派代表，國內外各省所舉議員或社會或個人爲本會所邀請者及國內外人民之注意本會舉動陳明願入本會者充之。

（三）會員權利　凡爲本會會員者得選舉權，得參議本會事件，得發表意見。如有一社會派代表數員者，其選舉祇得一權，得選舉者，先在本會注明職銜。凡會員持有本會招待劵者，得享試驗及遊歷等利益，並得受本會各會員應一概遵守本會規條。

（四）本會組織　本會當抱定萬國漁業字樣爲宗旨，並遵守一千九百年在巴黎第一次會之條款，本會正會正及總書記歸美國漁業局派定，其副會長歸各會員公舉。

（五）選舉及議決　凡有議決事件，悉憑會員投票之多數（參看三條，）其兩而平均數者，加會長一權選舉以投黑白子多寡爲憑。舊規條之應行複議者定於本年八月一號先於本地議員會議認可即留之，其應删去者應注明理由。

（六）本會經費　本會經費分歸美國公家支撥與個人資助外，應收會費每會員二圓，如爲國家所派代表，免收會費。

（七）辯論規則　凡本會辯論之際，以英文爲準，其所發表論說者，兼准用法、德、意三國文字。凡辯論時由正會長或副會長以監視之。議長亦得辯論，辯論之時刻秩序，應照排單所印者，並須先期呈報。會員有討論之處，該由宣讀論說時或讀畢後將本人姓名開呈議長，議長當依次邀請討論，以免臨時擾亂。

會員於每會每件陳說時不得過二次，其有改誤釋義者，不在此例。每件一俟辯論畢即須議決，一經議決後，非先經議長於事前允准者，不得發言。其陳說及作論者，待辯論畢後，請宣明其改正之說。

（八）劄記及印刷件　劄記及論說之大概，當隨時印行，至本會全案，會畢後再當從速編印。

（九）附件　凡有關於本會緊要之件，本地議員得隨時增添。

暫定條目

其事件有先到該會提議者，茲舉其條目臚列如左：

（甲）商務漁業　一、漁具及漁法；二、大小漁船；三、鹽漬捕獲之魚；四、使廢棄漁產歸於有用。

（乙）關於漁人及業漁戶口之事　一、漁人艸艛及屋舍之體質；二、漁人及漁人家屬之疾病；三、設法保護漁人在海面上之生命；四、漁事教育；五、漁業學校。

（丙）定例及規則之關涉　一、捕魚之業；二、育魚之事；三、水之混濁；四、水之阻礙。

（丁）關於漁業之各國事件　一、規則及定例；二、審查；三、統計。

（戊）水產改良　一、淡水魚；二、鹹水魚；三、蛙鼈龜；四、蠔及螺蚌等類；五、龍蟹格來魚及別種介類；六、海絨；七、海帶及別種植物；八、使用新法；九、使洋海及內地河流之育魚均有利益。

（己）水土之宜　一、外國美洲魚；二、美洲外國魚；三、引進別國各種魚類。

（庚）魚塲魚簖之類。

（辛）水及居處水中生物之研究　一、方法之運用；二、功效。

（壬）魚類介類螺蚌類及別種水族之疾病與寄生物。

（癸）垂綸餌釣。

第五節　漁業指導及推廣

漁業指導及推廣，包括各省市漁業指導所、各種漁業訓練班、水族館、宣傳週、演講會、食魚紀念日等等，上列各種均爲行政設施之一，與水產試驗場及水產教育，有密切之關係，皆所以盡漁業指導及推廣之作用，故特另列一章，俾系統之易於明瞭，讀者之較易了然也，茲分別述之如下：

（一）漁業指導

（1）上海市漁業指導所

上海爲全國漁業之集散總樞，每年魚產集散額達三千萬元以上，爲魚行，漁輪公司，漁業公所彙集之所，在漁業經濟上佔有極重大之地位。民國十八、十九年間，外輪侵漁日烈，並以上海爲根據地，擾亂魚市，壓迫吾國漁業界特甚。上海市社會局乃於民國二十年四月十一日委派該局技士周監殷，着手籌備上海市漁業指導所，以上海老西門肇嘉路泰瑞里十四號江浙漁業事務局原址爲所址，開始辦公。於四月二十七日社會局即令派周監殷爲上海市漁業指導所所長，並由社會局呈准市政府公佈上海市漁業指導所章程六條，辦事細則三十四條。又核定該所每月經費一千三百零四元。該所以成立伊始，經費支絀，未能有何成績，商請魚行同業公會補助經費，另組上海市社會局漁業推廣委員會，訂定章程九條，指定以上海市漁業指導所所長爲主席委員，委員爲漁業專家一人，漁業界代表三人，局派二人（一人爲漁業指導所所長）共同組織，該會於十一月正式成立，然仍困於經費，未能有何進行。

二十年八月因外輪侵漁甚烈，該所擬於吳淞口設立漁船檢查所，呈請社會局轉市政府鑒核，旋於九月奉市政府第一一七二三號指令照准，乃卽由漁業指導所籌設漁船檢查辦事處，卽於十月一日成立，定名上海市市立漁業指導所漁船檢查辦事處，由社會局公佈漁船檢查規則十六條，設辦事處於吳淞外馬路蓬萊公所，並於二日開始檢查進口各漁船。嗣社會局以奉實業部令認爲漁船檢查非屬必要，應予停辦，且漁業指導所係技術機關，關於漁業行政應由社會局直接辦理，迄二十一年一月五日乃實行停辦。

民國二十一年上海一二八戰爭爆發以後，上海各業俱受影響，社會局乃令漁業指導所每月經費暫撥二百五十元維持，除所長外僅留書記一人，調查員一人，餘均停職。二月十六日社會局卽另派該局技正黃枯桐兼任該所所長，以節經費。四月二十三日漁業指導所奉令暫行裁撤，所有一切文件移交漁業推廣委員會接收。但漁業推廣委員會當時亦無形停頓，致指導工作一時未能進行。至二十一年十月上海市漁業界紛紛呈請社會局恢復指導所，同時實業部亦令飭社會局恢復，俾能漸謀漁業之發展，乃於十一月一日局令派第二科科長吳桓如兼任漁業指導所所長，暫借冰鮮魚行同業公會餘屋爲所址，按月撥給經費六百九十三元，而漁業推廣委員會則迄未恢復。二十二年八月遷至小東門裏馬路太平里一號爲所址，按月經費略予增加爲八百零九元，迄二十三年度再增至八百六十九元。至是年十二月局令技士王德發升任所長。至民國二十四年十二月，上海市以市庫支絀，局令緊縮核減經費剩三百五十元。時因實業部上海魚市場成立，函請遷入以便就近指導。二十五年十月上海市以市庫支絀，社會局與教育局合併，漁業指導所經費又受相當影響，酌減六十餘元，並另委屈均遠爲所長。該所以上海爲漁業經濟之中心，是以其工作完全偏重於漁業經濟統計等事項，按月刊印上海市水產經濟月刊，除刊載漁業統計外，並附重要漁業消息，內分水產講臺、譯述、來論、調查、水產珍聞、雜俎等欄，擇要刊載，現已刊至第五卷九期，爲全國水產刊物中時期最長之刊物。

（2）江蘇省各縣漁業指導所

江蘇省自民國十九年十月省立漁業試驗場成立後，即由該場呈准農鑛部籌辦附設漁業指導所，俾切實指導漁民，改進沿海舊有漁業，並推行各項漁政設施。旋該場於二十年十月，正式成立指導所於崇明縣屬之嵊山島。自是常熟縣農場附設漁業指導所於滸浦，南通縣農場附設漁業指導所於呂四，如皋縣農場附設漁業指導所於掘港北坎，後又成立鹽城漁業指導所，計先後共成立五區。二十一年六月曾由實業廳（農鑛廳改）召集各縣漁業指導所人員舉行漁業指導會議，決定關於漁業指導之各種設施及準備事項。其後實業廳裁併入建設廳，因節省行政費起見，裁撤指導所，各縣祇設指導員一人，助理員一人，賡續辦理指導業務，並爲增加指導設備，撙節虛耗起見，嚴令各指導員將各月份指導經費中之事業費全數積儲，以便積成至相當數目，爲實行購船及置備漁航器械之用。其後各縣均經積有成數，南通、如皋、鹽城三縣漁業指導員曾會同呈准建廳購船。如阜方面復設立漁業補習學校，並試驗改良插網，鹽城方面曾設立漁村改進區及淡水養殖區，南通方面設立漁民教育館，常熟方面購船指導長江口外漁業及設立滸港口航行標識等，各縣指導工作，頗有進展。

（二）漁業人材之訓練

漁業人材之訓練，漁業知識之普及，爲漁業指導及推廣之必要工作，浙江水產學校曾於十九年七月舉辦暑期水產講習會，江蘇省立漁業試驗場，亦曾於二十年七月舉行第一屆漁輪船員講習會，江蘇實業廳曾於二十一年九月起舉辦漁業指導人員訓練班，茲分述如下：

（1）浙江省立水產學校暑期講習所

浙省以地理環境之自然關係，魚鹽極爲富饒，祗以沿海居民知識淺陋，乃未能盡量利用，故該省建廳，乃於十九年訓令該省水產學校校長，開辦暑期水產講習所，招收沿海各縣小學教師到該校聽講水產學科，並供給膳宿，於七月二十日正式開始講習，至八月二十日結束。在此一月中，所授課目，計有水產行政、水產經濟、海洋學、氣象學等，各講師多爲水產專家，除上課外，並從事一般演講，

講題如世界水產事業概要、水產企業之科學化等，以爲一般水產智識之灌

（2）江蘇省立漁業試驗場漁輪船員講習會

江蘇省立漁業試驗場，因鑒於外國漁輪在吾國沿海侵漁之損失，吾國漁業技術之落後，故利用滬上華商各漁輪修船休漁期間，假大東門育材學校，舉辦第一屆漁輪船員暑期講習會，於二十年七月十六日起，前後二星期，每日下午四時半至八時止，演講課程凡十餘種，如：水產大意、拖網漁具之構造及其使用、拖網漁業大勢、海圖使用法、航海標識、船舶避碰章程、氣象大意等，並開映中外漁業影片，參觀永新公司冷藏庫，徐家滙天文臺等，頗能鼓勵船員之精神與努力。

（3）江蘇省農鑛廳漁業練習生班

該廳爲培植本省漁業人才，以爲將來實施漁業指導之準備，訂定訓練辦法，招收漁業練習生。在訓練期間，分級酌予津貼，投考人員，限於江蘇省沿海各縣籍。第一次爲二十年九月，投考者僅四人，俱爲江、浙兩水產學校畢業生，經錄取後，以人數過少，先派赴漁輪及各縣漁業指導所見習。民國二十一年八月舉行第二次招考，投考者十八人，當經錄取二年級生三人，第一級五人，於十月三日

起先在場授課二月，再行分別指定場所或漁輪實習二月，然後各赴指定地點服務。授課各教員，俱係實廳技術員及專家，外海實習事宜，由省立漁業試驗場技術主任張君一擔任。蘇省水產教育一時頗有勃興氣象。二十三年實業廳併入建設廳以後，漁業練習生班遂停頓，迄今尚未恢復，而一部份漁業練習生，則已被派赴各縣農業推廣所協助漁業指導事宜。

（三）青島水族館

民國十九年秋，中國科學社在青島開會，時蔡元培、李石曾、楊杏佛暨國內科學界人士咸集，皆以青島形勢優美，海產豐富，便於海洋學之研究，發起組織中國海洋研究所籌備委員會，推舉籌備員，隨即開第一次籌備委員會，當推定青島市長胡若愚、青島氣象臺臺長蔣丙然、青島市商會會長宋春舫氏為常務委員，而以胡若愚氏為委員長，並議決先行開辦水族館，所需建築經費，由各方有關之機關補助。後又在南京開第二次籌備委員會，議決分擔之機關及經費，為教育部、實業部、中央研究院，各捐助洋二千元，青島市政府捐助五千元，青島觀象臺捐洋二千元，復由籌備委員會函請青島大學、山東省政府各捐助洋一千元，青島萬國體育會捐助洋四千元，宋春舫、朱潤生、蔣右滄諸君均有捐助。後在上海，又舉行第三次籌委會，因常務委員胡若愚已離青島市長職，公推現任青島市長沈鴻烈爲常務委員長，並公推蔣右滄先生爲館長，所有建築費不敷之款，由各委員擔任籌劃，經函請青島市政府捐助一千元，東北海軍司令部捐助洋一千元，萬國體育會捐助五千五百元。至其進行情形，籌備會自決議開辦水族館後，即委託由青島觀象臺方面代爲籌劃並負責辦理，觀象臺既受委託，即派員往大連調查水族館，該員調查後，繪製詳圖並說明書報告籌備會，籌備會據此，並參考各種情形，由常委會議決：水族館工事設施用中國城垣式，當由觀象臺海洋科設計，繪製房屋圖樣，遂於二十年一月開工，於翌年二月工竣，然後從事內部佈置，至四月終而全部就緒，乃於五月八日行開幕典禮，九日開始任人參觀，此青島水族館創辦經過之大概也。

該館館址，在萊陽路海濱公園，佔地十餘公畝。上建層樓，繚以周垣如城堞，純取中國古式，巍峨壯觀。屋分四層，地下室爲宿舍；第一層前部爲大廳、辦公室、研究室、標本室，後部三面爲平房，中間爲庭院，平房內設展覽池十八，鮫魚標本室一，及廁所儲藏室各一，院中設地下池二；第二層爲職員宿舍及接待室，有平臺，眺望風景最爲適宜；第三層爲館長室。館外東偏，築佈水塔一，狀如鼓樓。復於濱海之處，建抽水機室，蓄水池及濾水池各一。並於干滿潮線之崖石中建天然養魚池一，以備養魚之用。

該館經常收入計有二項：一市政府補助費按月二百元；二遊覽劵收入。是以經費亦極困難，館員大都係觀象臺海洋科職員兼充，概不支薪。

該館魚池，計有展覽池、天然養魚池、地下池三種，展覽池計有十八個，俱養活魚以供展覽，計放養水族達一千餘種，尚有標本四百餘種，假以時日，當更日臻完備也。茲將該館開幕後半年來之經過，分列如下，既足爲史料，亦足爲將來他處舉辦水族館之參考。

該館於五月八日開幕，十一月十日閉幕。茲將該館在此時間內對於水族放養之經過情形及應行注意之事項分錄如下：

『（一）水族之徵集及轉運　本館在本年四月間，對於活水族卽開始採集，惟時以水溫尚低，且限於經濟，設備未周，故採集活水族，甚感困難，當時決定辦法：

（1）在市場購買　市場雖爲魚類匯集之所，但魚到市場後，多爲已死，卽間有活者，亦多受損傷，此種水族，經運回放養於池中，能保全其生命者，不過十分之二、三耳。

（2）遠地採集　本館於四月底，曾派員至濟南，採集各種淡水水族，以備放養，當經採得大明湖之鯉魚、鯰魚、田螺、河蚌及金魚等十數種。惟此時以氣溫甚高，且經火車顛簸竟日之久，故雖在路間盡力設法維護，而到青後放於魚池，並未能生殖繁榮，可見遠地裝運活水族，並非易事。

（3）海濱採集　本館每值最乾潮時，卽派員赴海濱採集各種水族，以供展覽而資研究。惟在干滿潮線間，搜羅之所得，率多形體較小之動物，雖在研究上有同等之價值，但對於民衆展覽上，究不如大形動物之足以引人入勝也。

（4）隨同漁船採集　本館以開幕在卽，而活水族尙不敷分配，乃擇漁船之有活艙者，派員隨之出港，遇有價值之魚類，置於活艙中，然後運至本館而放養於展覽池。嗣後乃遍告漁人，凡有以活魚送至本館者，卽重價以沽。本市漁業公司，復熱心協助，本館之活水池乃漸有可觀焉。

（二）放養池對於水族之關係　水族有喜居於岩礁者，有喜居於沙灘者，有喜居於泥中者，有喜吸着於岩上者，且有水陸兩棲者；故放養池之形狀大小，對於水族有密切之關係。養鮶魚、海鮒、海鰻鱺、海葵、海星、海膽必砌以礁石；養鰈魚、鱆魚、縞牛舌、犂頭鯊必鋪以細砂；養龜、蟹、鯢魚必鋪以泥沙，而傾斜其底，使一部在水上，而便其兩棲。然後始可以適物之性而常保其生命。但池之新者，無論如何，對於放養水族，總不相宜。蓋新池建以水泥，水泥富鹼性，對於大鱗之魚類，每發生不良之影響。如本館開幕之初，新池中放養之海鮒、夷鯛、海梭魚等，不數日而全體鱗上，生一種狀如白霜之病菌，尾鰭潰爛，終至目瞽而死，故新建之池，必先注以水，使之流通十餘日後，俾鹼性溶解淨盡，然後始宜於養魚也。

（三）水溫對於水族之關係　水族多爲冷血動物，其體溫常隨水溫而變易，但其皮膚，對外溫調節之力甚爲微弱，故若水溫之變動過劇，則魚之表皮細胞先破壞，繼之而眞皮亦崩，病菌寄生每易致死。故養魚池中，當設法減少其水溫之變動，並使與天然之海水溫度相差極少爲宜。就本館半年來魚池水溫之觀測，在五月下旬至八月上旬，展覽池較天然之海水溫度高一度至二度。而院中地下池之水溫，又較展覽池高一度至二度。八月下旬三者水溫幾相等。九、十兩月，則地下池之水溫較低於展覽池一度至二度，展覽池又低於天然之海一度至二度。

故水族之由海入池，經試驗之結果，以八月下旬爲宜，九月次之。至魚類之個性有適於冷水者，有適於暖水者，更非有調和之水溫設置，不足以保其生命也。

（四）氧氣對於水族之關係　水族之游泳於水中，猶人之行動於空氣間也。空氣無氧氣則人窒息而死。水中無氧氣則水族亦不能生活。故水族館中，關於輸氧氣於魚池水之裝置必不可少。在海水循環不息之展覽池中，每一立方公尺之水，可放養水族三四斤。但水流偶一間斷，則池水漸不透明，卽爲氧氣不足之明示。若不設法輸入氧氣，則水族體色減退，窒息而死。曾憶本館於大風之後，電綫被風吹斷，抽水機不能開動，不數小時而水族均呼吸迫促似將不支，幸急於救濟，否則水族當盡斃也。由此以觀，水族之需要氧氣與人相同，須臾亦不可缺，輸入氧氣設置之重要亦可見矣。

（五）餌料　水族之餌料，隨種類而不同。大概淡水魚多以小蝦、小魚、貝類、蚯蚓、蠶蛹等爲餌料，而鳥類之肉及小麥粉等亦可用之。鹹水魚類則凡海底棲息運動不活潑之微小動物，大概均爲其貴重之食料，就中以蝦、蟹、寄居蟹、蟶、蛤仔、水蝨、海蛆、蚯蚓、砂蠶、小魚、章魚爲最普通之餌料。

至進餌之量，可依時期而增減。蓋以魚之消化力，依溫度而變更，水溫若在十度以下，魚之消化力甚微，常不食餌。水溫至十四度以上，魚之消化力乃漸強。水溫達二十三、四度時，魚之消化力最強。故投餌可依水溫之高下而增減其量。投餌以午間爲最宜，蓋斯時水溫較高，而魚特活潑也。投餌不可過多，以防殘餌腐爛於水中，而礙魚體之康健。本館飼魚之餌料，以蝦、章魚、烏賊、牡蠣爲大宗。於每日午間投之，以飽爲度。如有殘餌則立以吸桶取出之，以防汚及池水也。」

（四）宣傳週

（1）江蘇省上海市改進漁業宣傳會

民國二十年一月江蘇省農鑛廳因感於漁業之重要，而社會上對之仍極忽視，乃聯合上海市社會局，並請江蘇省黨務整理委員會、上海市黨部、江蘇省立漁業試驗場等，組織改進漁業宣傳會，擬定組織大綱八條，派定代表組織幹事會，分總務、編輯、展覽、遊藝、交際五部負責進行。宣傳會經費原定二千一百元，其後以開支增大，增加三千元，由江蘇農鑛廳、上海市社會局各支撥二千二百元，江蘇省立漁業試驗場支撥八百元。

改進漁業宣傳會於四月四日上午在民立中學同盟廳舉行開幕典禮，中央地方各機關長官多到會參加，其他到會人數，不下三千餘人。散會後由該會招待各機關行政長官及各漁業團體代表參觀展覽各室。展覽部份分爲十二室：

一、爲總理漁業港計劃圖室，室之正中懸總理漁業港計劃圖一大幅，爲江蘇省農鑛廳農業推廣委員會出品，長八尺，闊六尺，五彩顏色繪成，於實業計劃內中國沿海漁業港大勢情形，觀之一目了然。二、爲外海產魚類陳列室。三、爲介殼類及淡水產魚類陳列室。四、爲貝母類及其他水產生物陳列室。五、爲海洋氣象航海室。六、爲漁具釣具室。七、爲結網機室。八、爲江蘇省沿海舊式漁業室。九、爲各國新式漁船及網具室。十、爲水產書籍及刊物室。十一、爲新式漁業及中國沿海漁區模型室。十二、爲水產製造品及水產經濟圖表室。參觀時並詳加說明。下午二時起，舉行遊藝節目爲：（一）漁業電影、（二）新華藝術專科學校音樂、（三）姊妹歌舞團歌舞，共計參觀人數陸續赴會達五千六百餘人，洵漁業界空前之盛會也。

會期爲七日，每日任人參觀，並有少年宣講團化裝表演漁家樂及漁業影片，以及贈彩摸獎辦法，到會參觀者極擁擠，先後共五六萬人，並以浙江及江蘇二水產學校學生來申擔任維持秩序，誠吾國空前之漁業宣傳週也。

再該會乘展覽期間各方漁業主管人員及漁業專家俱齊集上海，因於四月七日在改進會辦事處舉行漁業討論會，議決取締外國漁輪，請上海市社會局輔助中央在最短期內執行肅清外國漁輪之方法，請實業部咨商教育部計劃從速設立國立水產專科學校、及編製水產課本發給沿海各省小學、添設水產常識課程，請省、市政府在二十年份內合設漁業指導所等議案。

（2）浙江水產試驗場第一次水產宣傳會

二十五年二月一日爲該場成立周年紀念，爲灌輸水產常識及喚起人民對於水產事業之注意起見，於一二兩日舉行水產宣傳會。設備展覽室六間，並開放全場各工作部份以供民衆觀覽。一日上午九時舉行宣傳會議式，到會者除當地各機關長官團體代表及士紳外，並由建設廳派第三科科長陸桂祥參加指導。開放展覽時間爲一、二日上午九時至十二時，下午一時至四時，參觀人數第一日計一千餘人，第二日計二千八百餘人，兩日合計約四千人。會場中分贈該場推廣叢書約二千册，並由該場職員分別負責講解。

展覽物品，分六室陳列，現將各室展覽紀錄如次：

第一室　水族館

該室設計之主要目的，在引起各界對於水產動植物之興趣，且說明水族箱之設備，不但爲研究水產學者必需之物，亦屬學校家庭宜備之品；該室所展覽之小魚，均係有益者，且以標語說明小魚滅除孑孓之重要。

全室設備有大小水族箱十一個，魚類有七種，計：

（一）鬬魚、（二）龍種金魚、（三）鯽魚、（四）白眼餐魚，（五）羅漢魚（六）金鰻魚（七）鮐魚等，而水產植物方面因値冬季，故僅羅致下列四種：（一）水蘭 valisneria、（二）水𧄍 polmcgeton crispus、（三）輪葉草 anacharis、（四）金魚草 ceratophyhim。

第二室　漁村建設之部

該室設計之目的，爲改進地方漁民之福利，增加漁業効力。其設備分圖表、模型兩類，計：

(一)用圖表說明者，有漁村陸上各種設備：(A)漁民住宅、(B)漁具倉庫、(C)水產工廠、(D)水產品公共製造廠、(E)工藝廠、(F)公共曬場、(G)電話局、(H)電燈廠、(I)自來水廠、(J)郵政局、(K)漁民戲院、(L)圖書館、(M)公安局、(N)救火會、(O)醫院、(P)漁民學校、(Q)無線電臺、(R)農業倉庫、(S)體育場、(T)公共林場、(U)菓樹園。

(二)用模型表明者有：(A)魚市場、(B)冷藏庫、(C)倉庫、(D)燃料油倉、(E)造船廠、(F)船塢、(G)機器廠、(H)活魚蓄養池、(I)魚商店鋪、(J)合作社、(K)運輸公司、(L)輪船公司、(M)漁業警察局、(N)氣象臺、(O)漁民銀行、(P)漁民指導所、(Q)防波堤、(R)避風塘、(S)燈臺、(T)火輪、(U)碼頭、(V)公路。

(三)漁會之設施以大樹爲圖證：

用根表明漁會之收入及需要：(A)事業收入、(B)政府補助費、(C)會員會費、(D)

公正的理事、（E）漁業指導人員、（F）完備的組織。

用枝葉表明生產的實施（A）改良漁業開發新漁場、（B）獎勵蕃殖保護及水產增殖、（C）指導改良製造、（D）獎勵發明及研究、（E）修築漁港。

用枝葉表明經濟的實施（A）籌設農民銀行、（B）經營魚市場、（C）漁具倉庫、（D）擴張製品販路、（E）介紹賣買及設計、（F）改善運搬、（G）改善通信機關交換漁況、（H）調查漁民及漁業經濟、（I）編製統計。

用枝葉表明會務的實施（A）遭難救助、（B）公益與救濟事業、（C）改善僱傭、（D）介紹職業、（E）漁民娛樂館、（F）指導漁村、（G）調解糾紛、（H）辦理漁民保甲。

用枝葉表明教育實施（A）舉辦漁民補習教育、（B）開辦講習會、（C）研究會、（D）展覽會、（E）宣傳印刷品、（F）圖書館、（G）舉行會報、（H）訓練漁村青年、（I）訓練漁業合作社員。

用枝葉表明其他的實施（A）推廣事業、（B）貢獻意見於政府、（C）推行漁業法規。

用太陽及陽光表明政府監督漁會方法：（A）審核預算決算、（B）考核成績、（C）指導業務、（D）監督漁會理事。

第三室　養殖及水產生物之部

該室陳列水產生物標本及新式養殖池、養殖法等。

第四室　水產製造之部

陳列各種鹹魚及其他水產製造品及其製法等。並有魚類冷凍順序圖書。

第五室　漁撈之部

陳列漁場圖計有（A）舟山羣島大黃魚小黃魚漁場圖、（B）舟山羣島帶魚墨魚鰳魚的漁場圖、（C）東海漁場圖等。以及：（a）拖網漁輪展覽說明表、（b）手繰網展覽說明表。其他如漁船及網之模型有：（一）大對船展覽並有說明表、（二）大莆網展覽及說明表、（三）世界各國主要漁獲比較圖表、（四）自海洋到食桌圖等。頗受觀衆好感。

第六室　水產博物館

本室陳列品爲各種水產品標本：（A）藥水浸魚類標本四百三十七種、（B）剝製魚類標本七十八種、（C）貝殼標本七十八種、（D）海藻標本三十六種、（E）製品標本六十三種。

第六節　漁會及漁業合作社之推進

此所謂漁會，與前第二節中之江浙漁會，其性質略有不同。蓋江浙漁會之根本作用，在於漁業之防護與稅捐，而此所謂漁會，則爲根據漁會法所組織，其業務較爲廣汎，此則不能不先予注意。

在敍述漁會及漁業合作之前，須先述爲舊日漁民組織之漁業公所。漁業公所爲封建式之漁業團體，與在歐洲中世紀之行會相似。我國千餘年前，已有此種組織，其作用爲免去同業之競爭，限制同業之人數，維持生產之價格，而又利用同鄉或朋友之關係，實行互相幫助，互相救濟，如我國手工工藝之魯班殿，以及各種以區域分幫口的會館公所等，均爲此種組織之典型。漁業公所，即是此種組織之一種，發展較遲，以浙江爲最發達。當淸雍正二年，鎭海張網漁民首先發起，成立南浦公所於寧波。同年鎭海北鄉幫漁民，另組北浦公所，而定海張網漁民，則亦加入南浦公所，迄今仍爲張網漁業之總機關。乾隆初，象山東門幫大部漁船漁民，亦組織太和公所。乾隆十年，奉化棲鳳幫漁民，組織棲鳳公所。歷代相沿。光緒年間，有定海幫漁民之靖安公所、人和公所、南定公所、鎭定公所以及其他各幫之永安公所、永泰公所等二十二處之設立。民初又有蜇皮公所、永豐公所、鎭海公所之設立。此種公所，表面雖爲漁民組織，然漁民智識幼稺，實際常爲豪紳漁棍操縱其間，勾結官廳，從中剝削漁民，利未見而害已隨之。其後政府公布漁會法，公所制度，已成爲非法組織，但仍散存各地，隱具勢力。國民政府成立後，各處漁會組織，漸次發展，社會上反對聲浪，亦頗爲猛烈，故此種團體，已稍削弱其活動之力量。今浙江方面，除有一二改爲合作社外，餘均如舊，他省則久已不聞公所之名矣。

漁會乃因民國十一年農商部公布之漁會暫行章程而產生。時農商部通令沿海各省轉飭漁民遵章辦理，各地成立者，祇直隸臨榆、山東牟平、江蘇上海、浙江臨海等縣。各公所則仍沿舊習，政府亦未予取締。民國十七年，張作霖在北平就大元帥職時，農工部修訂漁會暫行章程爲漁會條例，蓋以原訂漁會暫行章程，僅得通融於沿海各省，於沿江沿河各區漁撈繁盛之地不能適用，故特參以現在情勢，酌量修改，擬爲漁會條例二十四條，呈請公布。十七年八月三日，北京農工部又訓令直隸、山東、奉天等省實業廳，飭令所屬，迅速添辦漁會。十八年，全國統一，十月二十六日，立法院第五十六次會議通過漁會法，同年十一月明令公布。十九年六月，以農鑛部部令公布漁會法施行細則，通飭各省切實辦理。各省多派員指導各縣組織漁會，江蘇等省政府農鑛廳特訂定各縣漁會章程範式暨各漁會籌備須知，印發各縣，俾漁民得所遵循。二十年，江蘇省先後成立鹽城、興化、泰縣、常熟、吳縣、崇明等六縣漁會。至二十三年初相繼成立者，達二十縣，以後仍續有發展。浙江則有瑞安、紹興、平陽、南田、象山、鄞縣等縣。其他各省之成立者，計有福建之長樂、閩侯、福昇、安徽之銅陵、當塗。山東之壽光、威海衞、掖縣。但當時漁會法中規定以縣爲區域，幾視市區均不得設置漁會，經上海市政府一再呈行政院咨請立法院再度解釋，以爲漁會法立法意義，原以漁業繁盛區域，凡居住一區域內，年滿十六歲以上之漁業人，或經營水產之製造、運輸、保管各業者，均得依法組織漁會，則上海爲漁業根據地，且吳淞爲沿江淡水漁場，而成漁業人薈萃之區，是否可成立漁會，如謂漁場區域，僅指海面而言，則縣區範圍，同無領海，縣區尙可組織漁會，則漁業繁盛之上海市，似更應有健全之組織。二十一年八月，經立法院將漁會法第四條第七條條文修改。原文：『漁會以縣爲區域，在漁業繁盛之地方設置之。」改爲「漁會以縣或市爲區域，在漁業繁盛之縣市設置之。」上海市乃依據漁會法，正式組織上海市漁會。近年漁會雖逐漸發展，然其組織健全者，實不多見也。

漁業合作社之推行，爲近數年來之事。國民政府成立後，以合作事業爲七項運動之一，積極推廣，漁業合作，亦漸見發展。民國二十一年以後，上海各銀行頗留意於農村合作放款，中國銀行沈家門支行，始從事漁業放款，爲銀行投資漁業之始。惟該行規定借款總額僅五萬至十萬，爲數旣微，又其貸款辦法，注重漁民個人，並須殷實商舖擔保，不注意於團體承借，故漁民實惠頗少。但各省對於漁業合作社之指導及漁業放款之進行，則已頗有相當成績。

二十五年，實業部與上海各銀行界合組漁業銀團，從事放款，而以發展漁業合作爲基本工作，其漁業銀團辦法爲：

（一）實業部爲改進漁業，聯合上海各銀行，組織漁業銀團，辦理下列事項：1、提倡漁民組織合作社，2、漁業貸放款項，3、建造新式漁輪，租賃與漁民。

（二）漁業銀團事務所設於上海魚市場。

（三）參加銀行推定一人爲代表，負責經理漁業銀團事務。

（四）實業部派監理員一人，隨時檢查漁業銀團事務。

（五）漁業銀團資本分固定資金，流通資金二種，固定資金由實業部自二十五年度起每年投入二十萬元，流通資金，由實業部與參加銀行酌量漁業需要情形，商定每年總額，但第一年度，不得少於八萬元。

（六）漁業銀團固定資金，按投入實數週息六釐，流通資金，按投入資金週息八釐。

（七）漁業銀團放款，除抵押放款外，凡信用放款，須經銀團認可之合作社，或上海魚市場擔保。

（八）漁業銀團放款利息及漁輪租賃收入，除撥固定資金流通資金利息外，概作爲預備金。

（九）漁業銀團辦事費，須規定極少數目，經實業部核准，由預備金內開支。

（十）漁業銀團每年度決算有盈餘時，按固定流通實投資金之數分配紅利；有虧損時，得以預備金補充，如仍不足，得以固定資本之息金補充，再不足時，得呈經實業部核准，減少原投固定資金積存數額。

（十一）漁業銀團每年度決算後，固定資金應派息金紅利，得經實業部核准，加入固定資金數額。

上項辦法確定後，並經實業部聘任錢新之、王志莘、黄延芳三氏起草章則，積極籌備。卽於同年十月先由上海四行儲蓄會、新華銀行、中匯銀行等先行塡借十二萬元，放款與鄞縣漁業合作社及上海魚市場卸賣人。一方聘水產專家屈均遠等，參加籌備工作，注意於漁業合作事業之推進，故漁業銀團與漁業合作社有密切之關聯，爲漁業合作推進中重要之助力。

第三章　漁業試驗與調查

第一節　概述

吾國漁業試驗及指導等設施，淸季以前，尙無注意之者。民國以來，始漸知其重要。民國六年，山東省長公署經委陳葆剛籌備山東省立水產試驗場，設場址於烟臺西沙碭。民國七年春農商部創辦定海漁業技術傳習所。八年冬農商部復與江蘇省合辦海州漁業技術傳習所。定海漁業技術傳習所開辦之初，臨時經費計一千一百三十五元，每月經常費計四百三十元，九年七月增加爲七百三十元，初租用民船，八年六月始建造木殼重油引擎（計馬力四十匹）實習船一艘，定名表海。

至其技術傳習辦法，分所內傳習、漁場傳習、漁港傳習三種。所內傳習，每期以漁民二十人爲限，每年一月至三月，由該所招集漁民，授以漁具製造及各種機械使用法。漁場傳習，每年四月至七月及十一、十二兩月，由該所分派技術員，乘實習船，攜帶漁具，航赴漁場，實地傳習。漁港傳習，每年九、十月由該所分派技術員，前往漁船集中之港灣內，實行講演。

海州漁業技術傳習所初亦用民船，十年十二月呈准農商部建造鋼殼漁輪一艘，定名海鷹，自十一年九月下旬出海捕魚，至十三年六月四日止，計出漁三十一次，共計漁獲物價值一萬八千九百六十餘元，以試驗性質成績如此，尙稱佳良，其後政局屢生變動，兩傳習所亦早經停辦矣。

民國十四年農商部舉行實業行政會議，由漁牧司提：『勸告沿海七省創辦或擴充漁業試驗場並各訂造新式鋼殼漁輪整頓各該省沿海漁業以鞏固海權案，』雖議決通過，迄未實力進行。民二十年實業部曾有擬於二十年度國家預算中列入五十萬元設立中央模範水產試驗場，從事漁撈、製造、養殖等試驗，並附設宣傳講習二部，以試驗所得傳習於漁民，使經營水產事業者有所借鏡，卒以是年災害恐慌，不斷發生，財政困難，迄今仍未能見諸事實。以下將現在各省之水產試驗場分節逐次敍述：

第二節　江蘇省立漁業試驗場

江蘇省原有海州漁業技術傳習所，旋以革命軍興，政局變革，海州當軍事之衝，傳習所遂因以停廢。民國十八年江蘇省農礦廳全省水產業之設施方針及其進行步驟中，詳定設立漁業試驗場計劃，呈經江蘇省政府委員會第一八七次會議通過，以經費無着，不能進行。至十九年八月七日（十九年度上半年度），復由廳提請省府會議議決，卽行設立省立漁業試驗場，並積極着手籌備，乃設籌備處於上海。以該廳技正侯朝海及前農商部海州漁業技術傳習所長王文泰等爲籌備員。至十九年九月一日，與寧波源源漁業公司訂定契約，租用該公司漁輪鎭寧號作爲試驗船，於九月八日出海捕魚，成績尙佳。並由籌備員租定上海小北門民國路同慶街爲辦事處，添購各項試驗用具，與其他生財，迄十九年十月，籌備大致就緒，經省府薦任王文泰爲該場場長，正式成立。當時並一併擬具海洋調查所進行計劃，惜以經費困難，未能同時成立。茲將當時該場所擬計劃附後：

「江蘇省立漁業試驗場及海洋調查所進行計劃。

水產之業務繁雜，建築之經費有限，今按照水產業設施方針及進行步驟，草擬漁業試驗場及海洋調查所之進行計劃，分期進行之。

（甲）組織

一　漁業試驗場　設置總務、漁業工程研究、漁業試驗、漁業推廣四部。各部以事務之繁簡，分設若干股。又視漁區地位上之需要，得設試驗場事務所，或臨時辦事處，以進行關於漁業上改進之工作。

（一）總務部　1 文書股　管理全場文書事宜；

2 庶務股　管理全場庶務事宜；

3 會計股　管理全場會計事宜。

（二）漁業工程研究部

（1）漁業港漁船股　漁業港、普通漁業根據地、魚市場、冷藏庫、中國式漁船、輪船拖網漁輪、手繰網漁輪、旋網漁船、流網漁船、延繩釣魚船、鮮魚運輸船等工程上之研究及指導；

(2)網具釣具股　各種網具、釣具、雜漁具之材料製法及製造用機械等之研究與指導；

(3)舶用機關股　漁船用各種蒸汽機關、石油機關、電汽機關及起重機等之研究與指導；

(4)船具及副漁具股　船上各種附屬用具，漁業試驗應用之機械及無線電，航用測器等之研究與指導。

(三)漁業試驗部

(1)遠洋漁業股　輪船拖網漁業、手繰網漁業、鯊魚延繩釣魚業等之試驗及指導；

(2)近海漁業股　黃魚、帶魚、鰆、鰳、烏賊、鯧等魚族之流網、對網、凮網、延繩諸漁業之試驗及指導；

(3)定置漁業股　大莆網、張網諸定置漁業及沿岸漁業、淡水漁業等之試驗及指導；

(4)漁業調查股　各種漁船、漁具、漁場等之調查。

(四)漁業推廣部

(1)漁民股　關於漁民智識，農村組織，漁業經濟等之設施；

(2)傳習指導股　關於漁船船員、機關士、漁船匠等之傳習及指導；

(3)宣傳股　關於進行演講、出版、展覽等工作。

二　海洋調查所　設置海洋部，水產生物部，編輯調查部；其總務上事務，由試驗場總務部兼任。於漁業上重要島嶼，設定置觀測處，並購置二百十噸鐵殼調查船，於相當場所，每月舉行定期海洋橫斷觀測。建造七十噸內外木殼船，以供沿海調查之用。

(一)海洋部關於海洋之底質、海水比重、鹽分、水溫、水色以及海水之流動狀態等；

(二)水產生物部關於水產生物形態之鑑定，生活之形狀及浮游生物之研究等；

(三)編輯調查部關於本省海洋之定置觀測、橫斷觀測以及對於水產生物上的研究編輯而出版之。並調查鄰省及日本等國之研究，以供參考之需。」

民國二十年八月八日鎮寧漁輪租期屆滿，因購輪經費無着，乃另租三興漁輪局海興漁輪爲試驗船，成績尙佳。同時籌款二千四百元，向國外購置海洋觀測所需器械二十餘種，即由試驗船先行着手長江口外及嵊山東北海洋定置觀測。二十二年七月，以減少租輪損失及確立試驗基礎起見，呈准建設廳向大豐洋行購置英國舊漁輪一艘，時適英、德等國以國內煤價過昂，紛紛將原有蒸汽發動機關漁輪出售，改造重油發動機漁輪，又適值金價低落，故該漁輪購價較平時特廉。二十三年一月九日該輪由英駛抵上海，改名連雲，二月底出漁，並兼行試驗。其後以省庫支絀，奉令自給自養，致觀測海洋、探查新漁場以及VD式拖網等試驗工作，暫告停止進行。二十三年二月江蘇建設廳令該場場長王文泰與建廳指導技師姚詠平對調。同年八月連雲漁輪歲修以後，引擎穩固，不復動搖，出漁成績本已較前增加，但至二十四年四月，魚價大跌，損失奇重，因於五月四日回港後，即呈准江蘇建設廳停止出漁，提前歲修，於七月二日修理工竣，七月六日繼續出漁，綜計二十四年全年出漁二十七次，獲漁八十五萬一千五百六十斤，售洋四萬六千三百九十八元八角三分。該場對於輪船拖網漁業試驗中漁網漁具改良試驗頗具成績，使吾國輪船拖網漁業作業上獲得多大之進步。茲將江蘇省立漁業試驗場拖網漁輪漁具改良試驗結果摘錄如下：

(1)漁網改良試驗

舊式網網口的高度，視網板的高低而定。袖網既短，且兩端被網板張開，力量甚大，即使於浮子綱上加用玻璃球，亦不能使網口增高，擴張捕魚的範圍。如用上綱一百二十四呎六吋之網，網口約一百十呎左右。倘用五十呎荒手網，則網口擴大在二百呎以上。浮子綱既經加長，必須加置玻璃球，使浮子綱不致下沉，且能加高網口。沈子綱亦須增加重量，否則玻璃球上昇，下面的括綱，亦將隨之浮動，致有減少底層漁獲物之虞。

使用此項網具的網板，與舊式網同。惟網口既大，且高，浮子綱加重，玻璃球的浮動力又大，故非漁輪拖力較大者，不能使用，否則必將漁網減小，方可應用。

連雲漁輪所用網具，完全舊式，故所獲魚類，以底魚爲大宗，如鱏、鰈、蟹之類。至於大小黃魚、鯧魚、鮸魚等良好的下中層魚類，則捕獲甚少。自本年九月份起，即將網具稍爲改良，在最初試捕一航海，雖成績平平，但以後繼續改進，漸達完成的目的。玆將改良式輪船拖網與舊式網的不同點說明之：

改良式輪船拖網所用袖網、天井網、背網、腹網、囊網等，與舊式網完全相同，不過在袖網上加一呎目荒手網五十呎，使袖網加長，擴大漁網範圍，浮子綱加添玻璃球，沈子綱加重，使網口增高，不致浮動。示圖如左：

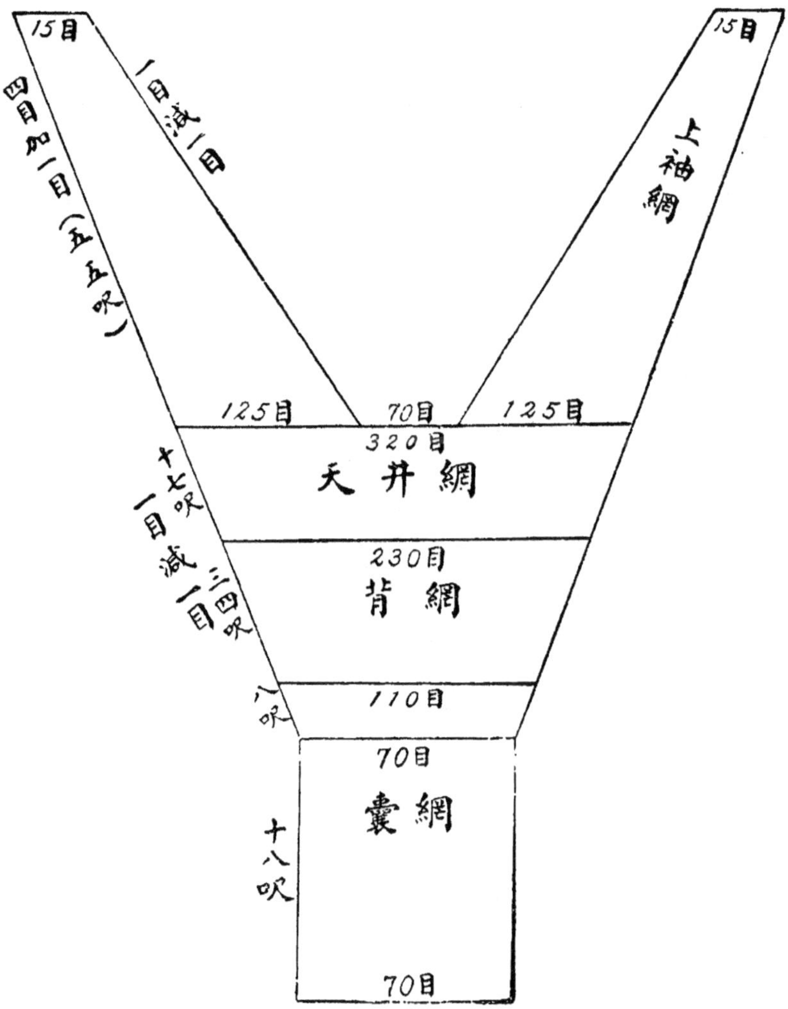

上　側　網

浮子網 124 呎 6 吋

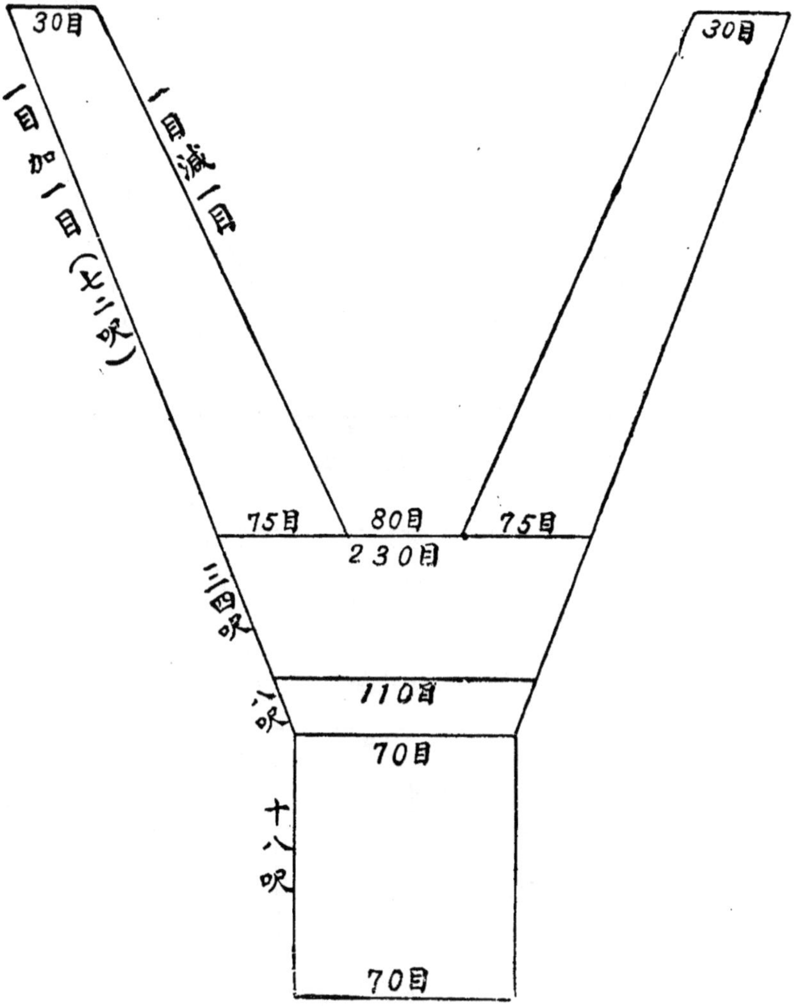
30目
一目加一目（七二呎）
一目減一目
30目
75目
80目
75目
230目
三四呎
110目
八呎
70目
十八呎
70目

下側網

沈子綱 144 呎

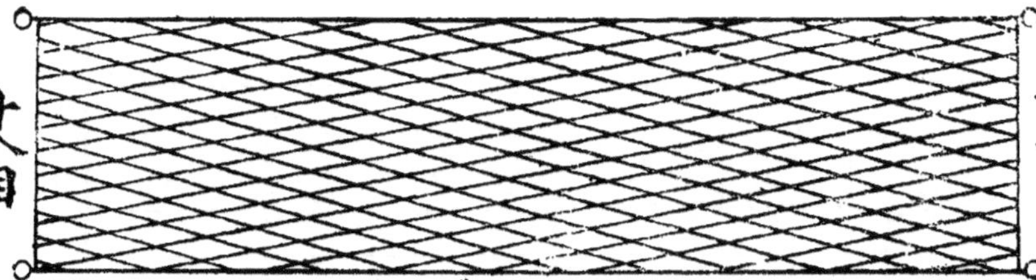

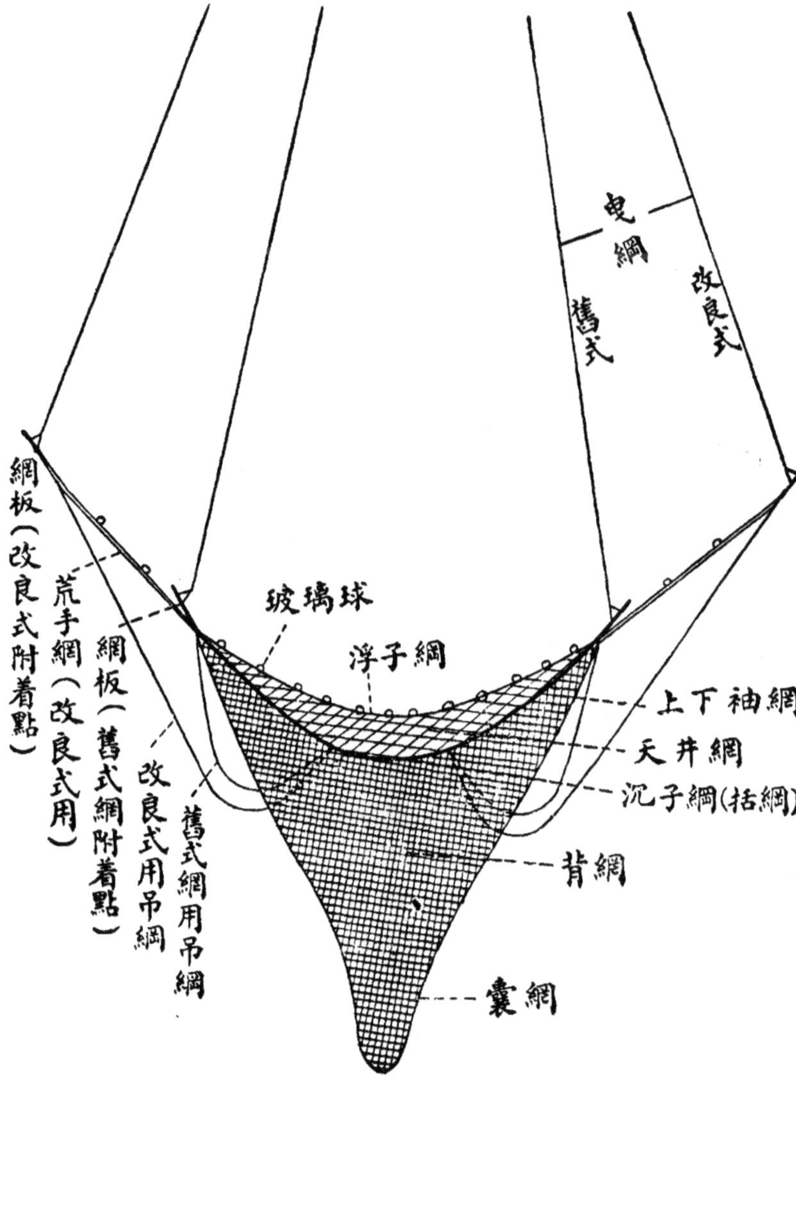

改良式網與舊式網的裝置圖

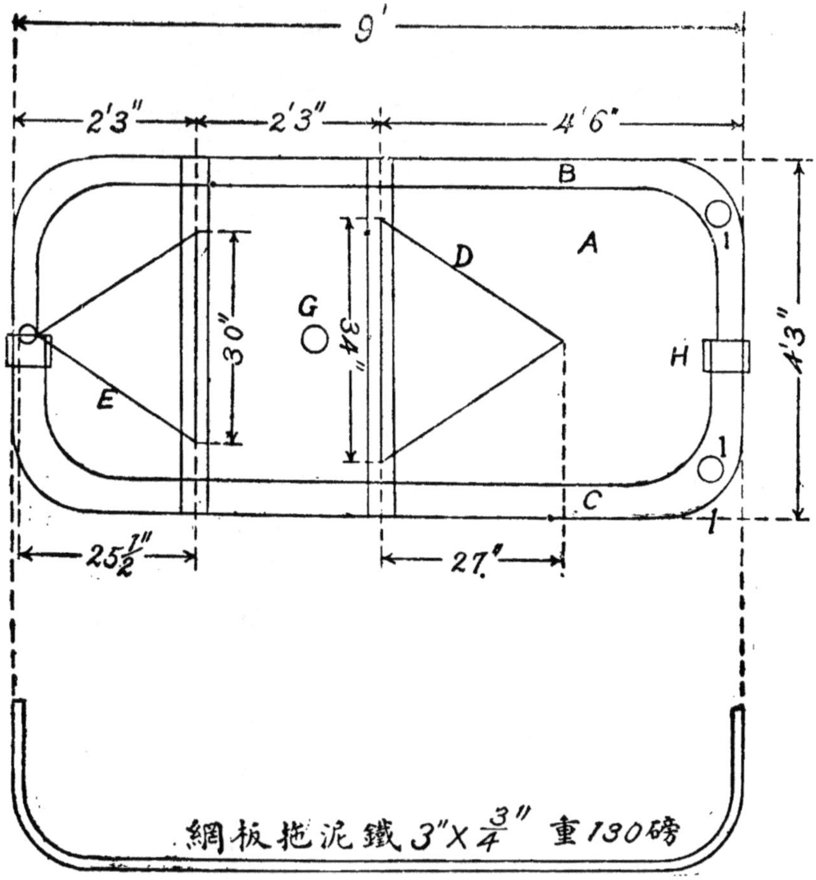

甲圖　備用網板

原重 1100 磅　現改重 1250 磅

（2）網板改良試驗

本場連雲漁輪在過去一年間，因速率不強，漁具方面都擇其輕小者而爲之。今年大修後，機件船殼，漸臻穩固，加以現任輪機長熟悉機械情形，悉心管理，航行兩月，速率大增，因之

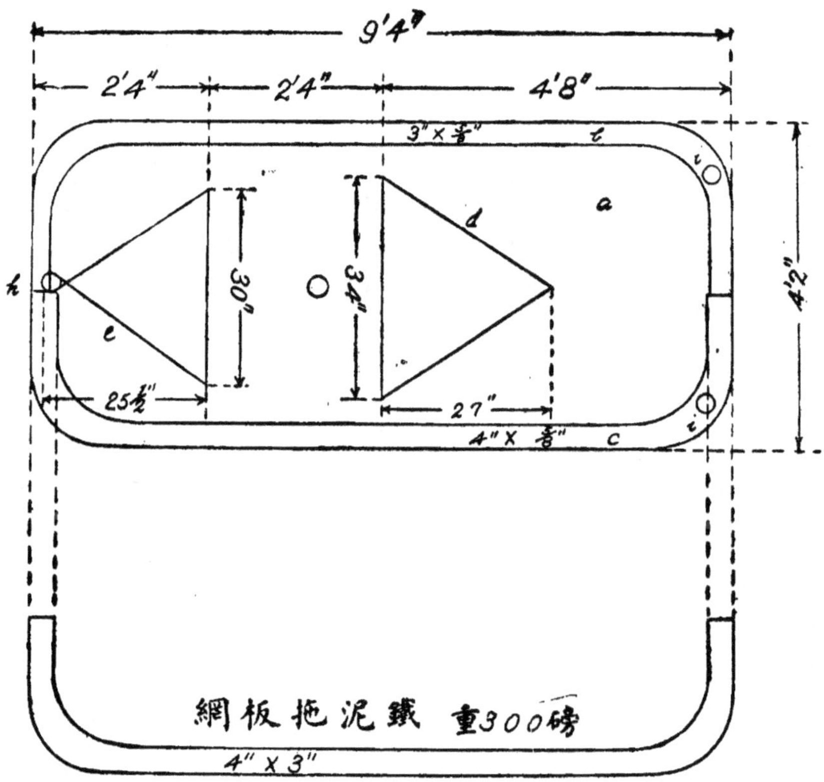

乙圖　現用網板

原重1130磅　現改重1300磅

舊有的漁具，漸不合用，漁獲物反因之減少。考其原因，實因網板過輕，使用時速率加快，網板遂不能時時着底，致魚類有脫逃的機會。因自十月份起，即將舊有網板，加重改裝，出漁試驗後，漁獲物大增。茲將原有網板改裝情形，圖示於上：

甲圖　(A)網板，長九呎，闊四呎三吋，厚三吋，材料用洋松，中間二平分之，卽長四呎六吋處，放置後環，再二平分之，卽長二呎三吋處，放置前環。

(B)上側包鐵板，闊三吋，厚三分，爲防木材破損之用。

(C)下側包鐵板，闊四吋，厚五分，爲防止木材破損及加增沉力之用。

(D)爲前後三角環，材料用一吋四分圓鐵。D底邊長三十四吋，兩邊高二十七吋。E底

(E)邊三十吋，兩邊高二十五吋四分，爲連結曳綱，張開網板之用。

(F)拖泥鐵，闊三吋，厚六分，爲附着海底磨擦之處，須特別堅牢。

(G)鐵圈，掛附吊綱之用。

(H)拖鐵，爲防拖泥鐵及上下側所包鐵板脫落之用。

(I)孔，爲上下綱用卸克附着之處。

乙圖　(a)網板，長九呎四吋，闊四呎二吋，厚三吋，

(e)前環，底邊長三十吋，兩邊高二十六吋。

其他裝置及材料等，與甲圖同。

目前所改製的網板，卽將拖泥鐵加重，至需要重量爲止，現用闊三吋厚四吋之生鐵，比較原有網板增重一百七十磅。

此外試驗工作之重要者尙有墨魚漁業試驗，虎（鱏）魚利用試驗，二十五年度內並擬就成立水產製造廠之計劃，已呈江蘇建設廳，卽可籌備成立。再該場對於調查工作素極注意，曾有嵊山墨魚漁業調查，嵊山螟蜅鮝調查，泗礁島漁業調查，嵊山帶魚漁業調查，小黃魚漁業調查，外海各島漁業調查報告等，公諸社會，不可謂無相當成績也。

第三節　山東省立水產試驗場

該場地點在烟臺商埠極西之西沙嶴近海地附近，極爲荒僻，佔地面積約三畝半。

該場於民國六年，經陳葆剛君籌備創辦，內設漁撈、製造、養殖三科。其後人員數易，繼陳後者爲尉鴻漠，係日本東京帝大水產科畢業生，其次爲于芹荃君，第四爲李愼君，第五爲李鋒五君，第六爲李兆多君，現任爲王際昌君，其中多爲直隸甲種水產學校卒業者。其間曾先後受張宗昌、劉珍年等軍事宰制之影響，殊無工作可言。十七年、十八年間，兵連禍結，並養殖池中物亦爲張宗昌駐軍竭澤而漁，魚盡池毀，迄今無法整理。養殖科乃致未能委人負責進行。製造廠則原以洋粉爲主製品，因石花菜爲洋粉之主要原料，爲山東沿海所盛產，除洋粉外同時兼理罐頭及食鹽之製造。然幾經兵災，所有機械鍋爐，多被破壞，雖經修葺整理，實際亦尙停止工作。漁撈科備有大風網漁船四隻，分駐於烟市，漁獲亦與漁民漁獲同例，由魚行代銷，取去經手費百分之四。此外尙有汽艇一艘，約三匹馬力，最高速率八浬，以供海洋調查之用。

該場經費每年僅萬三千元。職員及練習生共二十餘人，外加船夫水手，除每月開支薪水佔全經費百分之八十外，所餘已屬無幾，徒有其名，無試驗可言。

第四節　浙江省立水產試驗場

浙江省本設有水產職業學校及水產品製造廠各一所。水產職業學校成立於民國五年，校址初在海門。水產品製造廠成立於民國六年，廠址設定海縣大校場。民國十六年，水產學校遷至定海，與水產製造廠合併。學校設有漁撈、製造、養殖三科。製造廠方面則經營鹹魚曬鯗、貝扣製造、罐頭製造，製冰冷藏及漁撈運鮮等事業，至二十三年十月與學校同時奉令停辦。二十四年浙建廳以該省漁業極盛，自應設立水產試驗機關，以資研究改良。乃於是年二月成立水產試驗場，委陳同白爲該場場長，所有水產職業學校及水產品製造廠一切設備，均撥歸該場保管利用。

該場設有場長、總技師、技師、技士、技術助理員、事務員、書記及練習生，其組織系統如左表：

- 場長兼總技師
  - 總務課
    - 文牘
    - 會計
    - 庶務
  - 技術課
    - 漁撈組
    - 養殖組
    - 製造組

- 企業課
  - 漁撈組
  - 養殖組
  - 製造組
  - 營業組

該場一年經常費預算爲四萬二千五百元，臨時費爲一萬六千元，並由省府核准撥給開辦費六千三百九十五元，但因省庫支絀，領得經常費三萬七千餘元，臨時費四千餘元。

該場成立雖祇一年，除技術試驗外，其企業課在過去一年中經營墨魚乾製，冷藏製冰及冷藏冰鮮三種事業，統計其收入及盈餘，約如左列概數：

	收入	支出	盈餘
墨魚乾製	二、二三七·六八	二、二三四·六六	三·〇二
冷藏製冰	八、九六五·七二	三、八六九·三八	五、〇九六·三四
冷藏冰鮮	八二三·〇四	五三八·〇八	二八四·九六
合計	一二、〇二六·四四	六、六四二·一二	五、三八四·三二

此外工作計爲：

（一）調查工作

（甲）全省沿海漁業之基本調查　將全省沿海劃分區域，從事調查。

（乙）長江魚苗之調查　由實業部補助經費，會同調查。

（丙）錢塘江漁業調查　注意錢塘江之水產富源及其保護方法。

（丁）浙江省沿海藻類調查。

（戊）漁船調查　注重漁船之構造式樣。

（二）研究工作

（甲）本省魚類及其分佈之研究。

（乙）墨魚發生研究。

（丙）蟶子被害原因之研究。

（丁）帶魚大小黃魚種族及洄游之研究。

（三）試驗工作

（甲）漁網防腐劑試驗　試驗各種漁網染料之防腐能力。

（乙）墨魚蕃殖試驗。

（丙）漁鹽改良試驗。

（丁）墨魚人工乾製試驗。

（戊）凝菜製造試驗　利用本地原料製造凝菜。

（己）養魚水質試驗　試驗鯉、鯽、鯇等魚在半鹹性水中養殖之成績。

（庚）養魚餌料試驗　檢定各餌料之效率，及試驗利用廉賤餌料（如虎魚粉等。）

以上工作或已有相當結果，或尚在繼續進行中。我國水產試驗場之能實行其試驗任務者，則浙江水產試驗場亦足稱道矣。

第五節　廣東省立水產試驗場

廣東地濱南海，魚鹽之利，素稱豐富。徒以漁民墨守舊法，不知改良，遂致水產事業，日見衰落，而外國水產品之輸入者，反充斥於市。爲求水產之實地試驗、調查、研究，以期運用科學方法及改善全省水產事業起見，故有設立水產試驗場之必要。初建設廳廳長馬超俊以廣東水產建設計劃囑陳同白起草，後陳因事去粵，更由費鴻年修正，提請省政府會議議決通過，並由建設廳設立廣東水產試驗場籌備處，以費鴻年爲主任。五月一日籌備完竣，正式宣佈成立，並由費爲該場場長。場址擇定中山縣香洲埠，是年六月開始辦公。十八年八月改委陳同白爲場長，更於場內附設水產講習所，所長一職，由陳兼。既而陳以事去職，乃改委方仲吾爲場長兼講習所長。該場原定組織，內分五部，爲漁撈部、養殖部、製造部、調查部、水產化學部，各置技正、技士、技佐、助理員若干人，而事務方面則設會計、文牘、庶務及書記等分任之。方仲吾既奉令改組，以水產化學可歸併於製造部，而調查又爲漁撈製造二部之當然工作，爲節省經費及辦事統一起見，故將調查部及水產化學部裁去，而事務人員無所專屬，辦事殊欠聯貫，乃更設總務處，而以文牘會計庶務書記等屬之，其附設講習所之教員，則完全由該場職員分任，更設船長船員若干人，管理該場一切漁船航海業務，而隸屬於漁撈部，此內部改組之大略也。該場開辦費原定十六萬元，後改爲十四萬〇一百十八元四毫八仙，分三期支付，而第二期指撥六萬元之數，又因省庫支絀，僅照八折支給。至經常一項，按照該場預算，每月爲八千二百四十元，自成立以後，或八折或十足指撥，均視省庫之豐嗇而不同。其後由四月一日起，呈准增加經費爲每月一萬二千五百二十元。

該場曾在汕尾訂造横拖漁船二艘，於十八年十一月工竣，就近灣泊汕尾試行漁撈，並派員在汕尾組織辦事處。又在香港紅磡船廠訂造油渣船一艘（四十二呎），以備海洋調查及運輸魚苗之用，於十九年四月派員會同建設廳前往驗收，駛回香洲從事工作（船名海燕）。又經日本長崎水產試驗場及島根縣水產試驗場介紹，向上枝造船廠訂造手繰網船二艘，一名海鷹，一名海鷗，（長七十五呎，載重六十噸）於十九年一月竣工。

其他如鑵頭製造試驗器械，化學儀器及藥品，海洋調查儀器（如測程儀器，測深儀器等，）氣象觀測儀器以及各種水產圖書，均自十八年度分别向英、美、日等國購置，内容頗爲充實。

該場工作，除附設講習所外，幾大部份從事於調查，如派技佐曾廣清調查香港魚市及水產品製造；派技正鮑應中調查香港漁撈事業；派技正陳椿壽往海豐調查水產養殖事業；派技正吳毅往海豐調查漁撈事業等以及西江之魚苗調查，澳門之罐頭調查，前山之蝦漿製造調查，九洲之海面調查，珠江口之浮游生物調查，洲仔（中山第七區）漁村狀況及漁民生活情形調查等，均次第進行，並編製報告書刊行。

此外如研究試驗工作，則有罐頭明蝦試驗，冰鮮冷藏試驗，精製蠔油及燻製乾製蠔蒲之試驗，橫拖漁網改良試驗，華南之蝦蟹類研究，廣東魚類目錄及分佈情況等。

該場於二十年六月底以省庫支絀，經省府議決暫行停辦，將原有漁船儀器圖書等搬運返省，暫歸農林局接管。

該場雖經省府決議停辦，然不久仍以鑒於粵水產事業之重要，不可無專門機關以主其事，決議利用前水產試驗場之設備及人材由農林局內增設水產課，以為主持水產行政研究試驗等事，經費則由水產試驗場節存經費項下支銷。及農林局局長馮銳接任，乃於二十一年十一月二十一日改設水產系。該系成立後關於水產養殖之研究試驗如：（一）淡水養殖飼料之研究；（二）淡水魚類分養與合養之利害比較；（三）改良鱷、鯛、白鯇、黑鯇、鯪魚等之魚苗運輸方法；（四）蛙之養殖試驗；（五）魚池施肥試驗；（六）養魚餌量之試驗；（七）養鱖試驗；（八）魚病及防治法之研究等。其關於製造工作者如：（一）罐頭沙甸之試驗；（二）製造洋菜之試驗等，仍逐步繼續進行，民二十五年九月農林局由凌道揚氏繼任，凌氏對水產事業，頗爲注意，委符俊爲水產系主任，人員方面略見擴充，廣東水產試驗工作，當能恢復水產試驗場時代狀況。

第四章　水產教育

第一節　概述

吾國當遜清末葉，海禁大開，外患頻仍，一般有志之士，均惕然於民生之凋敝，國運之多艱，知非興學不足以救亡，清廷乃下詔興學，於水產人材頗爲重視，蓋因此項人材，可以移作商船及海軍之用也。光緒三十年，張季直既條陳設立江浙漁業公司，復條陳商部復咨南洋大臣就吳淞江浙漁業公司隙地與空閒官房，撥作學校校舍，設立水產學校及商船學校各一所，選擇漁業小學畢業生以聰明體弱者學水產，體壯者習駕駛，學成之後，以漁輪爲練習，推而至於商船及兵艦。同時在北方，直隸提學使沔陽盧靖（木齋）兼辦直隸漁業公司事宜（光緒三十二年）以中國海面遼闊，魚鹽利溥，祇以採取無方，致使貨棄於海，因謂謀振興事業，必先造就人才，欲造就人才，則舍興辦學校，殆無良法，爰籌措經費，以開灤煤礦及京師自來水公司兩項股票共七萬餘金，作爲創辦直隸水產學校之基本金，以備籌設水產學校之用，又派張壽春（伯苓）李金藻（琴湘）赴歐、美調查水產，以期改進。是爲吾國派員赴外國調查水產業之始。其後盧木齋先生奉命陞遷，而由勸業道壽州孫多森（蔭庭）繼辦漁業公司，孫氏辦學有年，熱心實業，對於水產教育更提倡不遺餘力，乃於宣統元年十月，稟准前直隸總督委派直隸工藝局參議兼工業學校庶務長孫鳳藻（子文）先生，赴日本調查水產講習所試驗場及製造場諸事宜，以備正式籌備學校之參考。是年十二月，農工商部因受各方提倡水產之宣傳，以及南洋大臣、直隸總督等之條陳，乃奏准清廷詔沿海各省籌設水產學校。宣統二年正月孫子文自日調查事竣返國，採集頗爲豐富。是年五月乃由勸業道孫蔭庭稟准直隸總督，派孫子文假天津河北公園舊譯學館爲事務所，並由勸業公所撥發籌備經費二百八十餘兩，籌備水產講習所，慘淡經營，凡三閱月，漸有頭緒，乃定期招考，錄取學生九十六名，權假天津河北長蘆中學之舊址爲校舍，是爲中國水產教育正式開辦之嚆矢。同時江、浙方面，經日本東京水產講習所畢業生張公鏐氏之奔走努力，並由張季直氏竭力協助，於民國元年成立江蘇水產學校，借用上海省教育會及求志書院爲臨時校舍，開始上課。民國四年浙江省派趙楣籌備浙江省水產學校，當經趙氏覓定台州灣臨海縣獲芷鎮前椒江書院爲校址，五年三月遂委趙氏爲校長，定名浙江省立甲種水產學校，正式延聘教員，招收學生。其後福建集美學校亦於民國九年添設水產部。遼寧省於營口設立遼寧省立高級水產學校，而山東、廣東等省俱有水產講習所之設立，所惜民元以來，內戰時起，政局不靖，教育經費支絀，不能循序發展，殊堪嘆息！民國二十年後江蘇省當局頗重視漁民教育，於東海中學內創設漁村師範科，迄今已正式改爲初級水產學校。又二十年九月江蘇省實業廳注重漁業之指導，爲訓練實際漁業指導人員起見，舉辦漁業練習生訓練班，但不二年卽以實業廳裁併而停辦。民國二十三年浙江水產學校亦以該校校長金炤移交後，校內發生風潮而停辦，旋卽改爲水產試驗場。民國二十四年廣東省教育廳在汕頭設立廣東省立高級水產學校。茲爲便於申述，將各水產教育機關，分別於以下各節就其歷史上之遞嬗興革略述之。

第二節　河北省立水產專科學校

河北省水產教育，自孫子文先生奉派赴日調查水產回國，當局卽委孫子文籌備直隸水產講習所，借舊譯學館爲籌備處，宣統二年正式招生，以舊譯學館地址湫隘，假天津河北長蘆中學舊址爲校舍，先行開學，隸勸業道。是年五月，呈准直隸總督，改爲水產學校。民國元年，新校舍成，乃由長蘆中學遷入。二年五月製造廳成立，學生乃得開始製造實習。民國三年四月，教育部令改爲直隸省立甲種水產學校，仍由孫子文爲校長，改屬教育廳管理，正式訂定學則，爲預科一年本科三年，六月第一班漁撈製造二科學生四十七名卒業。六年第一次選派學生十八赴日留學，漁撈製造各五人。民國七年，教育廳令孫校長赴歐、美調查水產教育，十二月返國，因鑒於各國水產事業之發達，而吾國水產事業之衰頽，人才之缺乏，乃於八年二月擬議改爲水產專門學校，但以經費無着，未能成功。十年五月，孫校長被任爲直隸教育廳廳長，校長仍由孫氏兼任。及十一年十月，委張仲元（品題）爲該校校長。十二年十二月改委吳肇忻（煥林）爲校長。十五年八月更變學制，改爲初中班四年，高中班二年。是年十一月改委王重（千里）爲校長。十七年九月校內發生問題，奉令停辦，暫由天津縣看管，十二月廳令重新改組，委王文泰爲水產學校籌備主任。十八年一月接收改組，是年五月，經省府會議議決，改名河北省立水產專門學校，由王文泰爲校長，其經費則仍照甲種時代舊預算，學制則分預科、本科，本科中分漁撈、製造兩組。十月省府會議議決，奉部令改爲河北省立水產專科學校。十九年五月，校內發生變故，教育廳委任督學王清晨先生到校，暫行維持，六月委任駱啓榮爲校長，九月駱校長辭職，乃委任張崧冠（元第）爲校長，迄今仍由張校長辦理，成績斐然可觀。

自張校長莅任以來，校務日見發達，現有學生百餘人；專門教員十七人，普通教員十一人，職員二十二人，每年經費六萬五千五百三十二元。校址在天津總車站東，有二十餘畝，校舍總數一百四十一間，舉凡一切書籍、標本、實習器具，俱極完備，現漁撈科有渤海一二號漁輪二艘，專作學生外海漁撈實習之用，白河號汽艇一艘，用爲內河浮游生物採集及駕駛實習；尙有舢舨三隻，信號桿一根；製造科有製罐、罐頭食品、貝扣、製革、釀造、漁具、製藥等工場。學制則設高中科、本科兩部，年限各三年，高中科修業期滿，得升入本科，本科現祇漁撈、製造二組，茲將該校系統表列後：

- 校長
  - 組織
    - 各組科
      - 漁撈組——航海駕駛部，氣象海洋部，漁具部，漁輪部
      - 製造組——化學部，細菌部
        - 工廠部……乾製鹽藏廠，製藥廠，罐頭廠，貝扣廠，釀造廠，製鹽廠，食品製造廠，冷藏庫
      - 養殖組——暫停
      - 高中科
      - 研究部——試驗股，調查股
    - 各課部
      - 教務課——教務股，註册股，標本儀器股，圖書股
      - 訓育課——指導股，齋務股，衛生股
      - 事務課——文書股，庶務股，會計股
      - 體育課
      - 營業課

會議
- 各項會議——校務會議，教務會議，訓育會議，事務會議，體育會議
- 各項委員會——財政稽核委員會，指導委員會，出版委員會，體育委員會，招生委員會，衛生委員會

第三節　江蘇省立水產學校

該校由張公鏐氏所創辦，張氏畢業於日本東京水產講習所，返國後卽從事於奔走創辦水產教育，並由南通張季直竭力協助，卒於民國元年成立江蘇水產學校，當時祇借用上海省教育會及求志書院爲臨時校舍，開始授課，及民國二年，蘇省當軸，乃撥吳淞礮臺灣公地六十畝，爲該校校址，並撥臨時費建築第一期校舍，並卽於是年遷入。民三復建第二期校舍，民五建造淞航實習船，乃派第一屆學生分赴蘇、直、魯各省調查漁業。六年復造校舍，九年建造石油發動機漁輪海豐號一艘。十年添辦養殖科，並在崑山建築淡水養殖場。當時學制爲五年畢業，招收高小畢業生，分製造、漁撈二科。民十添養殖科，並添設職工科，有貝扣職工科與編網職工科之別。民國十二年張公鏐辭職，由馮

立民繼任。民國十三年馮氏赴廈門集美水產任校長，乃請侯潮海代理。民十三年廳令侯氏爲校長，是年復添設航海專科。十四年添設遠洋漁業專科。十六年國民政府成立，學制變更，遂隸屬於國立第四中山大學農學院，歸高等教育廳管轄，改爲正式專門學校。十七年由中央大學教務會議決，改名爲國立中央大學農學院水產學校，當時除遠洋漁業及航海二科外，仍有漁撈、製造二本科。及十八年校中發生風潮，廳令馮立民復任校長，馮氏乃於是年回任，並辦理漁航專科，廢去該原有二科。其後廢除大學區制，該校乃復由江蘇教育廳管轄，校名復改爲江蘇省立水產學校，漁航專科乃由廳令取消，復改爲漁撈、製造二本科，經費每年定爲四萬元。民國二十一年一二八滬變發生，該校適當淞濱，爲日艦礮攻之目標，於是破壞不堪。後日軍占吳淞，該校殘餘校舍，復爲日軍駐入，故儀器標本，甚至一草一紙，俱爲燬損，同時淞航號漁輪，亦告擊沈。二十年來慘淡經營之所得，未曾遺留一物。淞滬停戰協定簽字，前往接收，而所餘祇殘垣破壁而已。乃在上海康腦脫路春江別墅賃屋授課，一方呈請教廳救濟，當蒙發給臨時費四萬元，從事修築。及民二十一年秋，修理完畢，乃即遷入，但宿舍已無，復重建平屋二十一間，至二十二年始行竣工。該校自受此次損失以後，各物俱重行添置，迄今

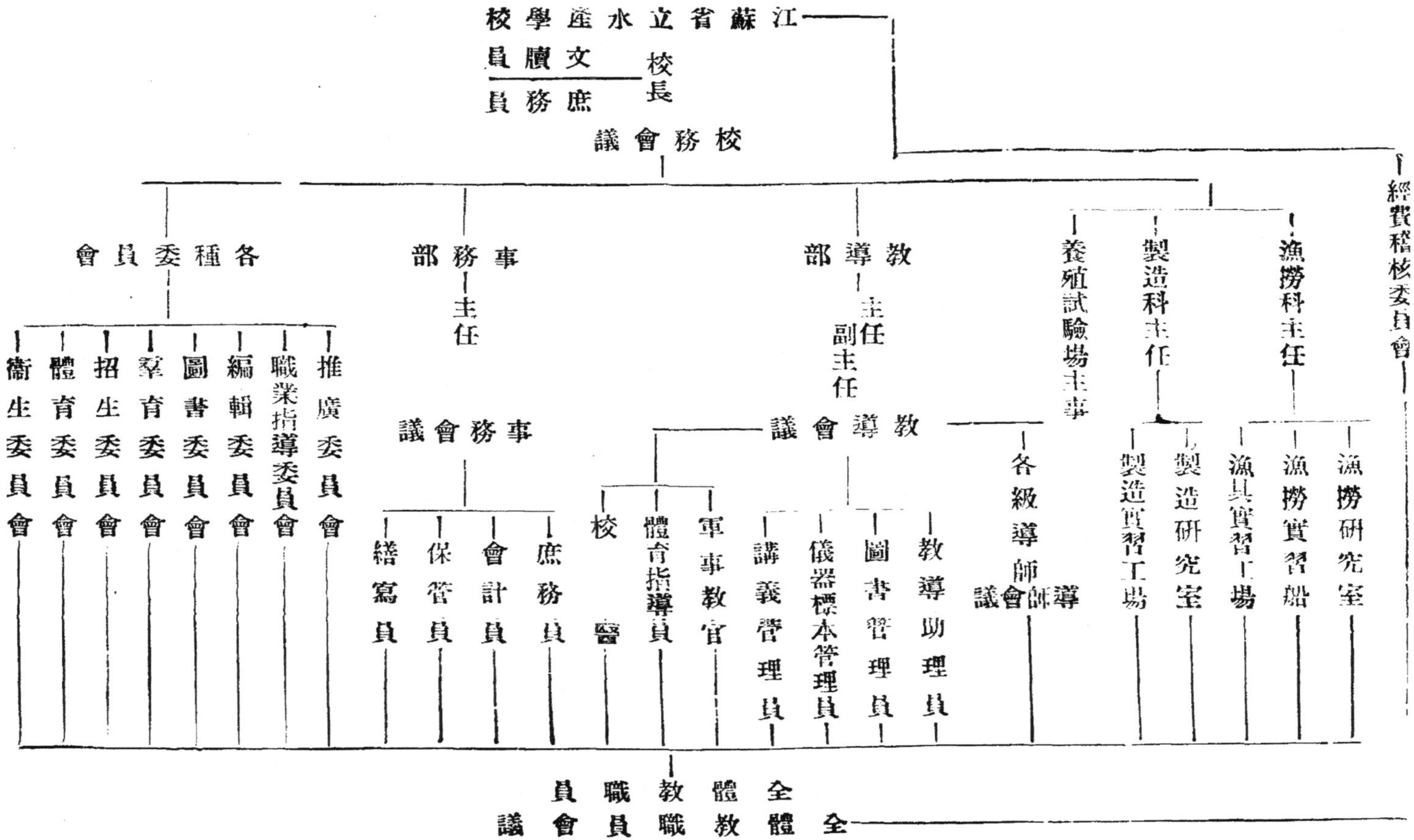
江蘇省立水產學校
校長
文牘員
庶務員
校務會議
各種委員會
衛生委員會
體育委員會
招生委員會
群育委員會
圖書委員會
編輯委員會
職業指導委員會
推廣委員會
事務部
主任
事務會議
繕寫員
保管員
會計員
庶務員
教導部
主任
副主任
教導會議
校醫
體育指導員
軍事教官
講義管理員
儀器標本管理員
圖書管理員
教導助理員
各級導師
導師會議
養殖試驗場主事
製造科主任
製造實習工場
製造研究室
漁撈科主任
漁具實習工場
漁撈實習船
漁撈研究室
經費稽核委員會
全體教職員
全體教職員會議

尙未完全恢復也！民國二十三年七月，馮校長辭職，教廳另委張楚卿繼任。茲將該校之組織系統列表於上：

附江蘇省立連雲初級水產職業學校

民國二十年，江蘇省政府爲致力初級水產教育，於東海中學創辦漁村師範科，而以養成蘇省漁村小學師資爲最大目的，校址在海州墟溝漁業傳習所舊址，制定學制爲四年，以完全小學畢業，年在十六歲以上者爲合格，學宿膳等費，一律免收。學科方面，各科教材以漁村生活爲中心，以養成完全能適合漁村生活之人材。當民國二十年八月正式招生，江蘇教育廳委王玨（兆隆）爲該科主任。其後教育廳將該校單獨設立，改稱省立東海簡單鄉村師範，專重水產科程，於二十二年六月呈准教部正式委任王玨爲校長。至二十三年度復改稱江蘇省立連雲水產科職業學校，另委王剛爲校長。

第四節　浙江省立高級水產學校

民國四年，浙省公署委趙楣爲籌備員，籌備水產學校，趙氏覓定台州灣臨海縣芷鎮前椒江書院爲校址，從事籌備。五年初籌備就緒，遂委趙楣爲校長，定名曰浙江省立甲種水產學校，正式延聘教員，招收學生。民國十三年夏，趙氏解職，乃由張苑林繼任，任職一年，十四年夏，由陳謀琅繼任。民國十六年四月，陳氏以臨海地址，頗不適宜，乃建議省府，遷往定海，六月經省務委員會通過，准予遷移，與省立水產品製造廠合併辦理。十六年九月，委任張柱尊爲校長，兼任水產製造廠廠長。乃於十六年十月由臨海遷至定海，以校舍缺乏，乃先後由定海長新營造廠上海洽仁營造廠二次添築校舍、圖書館、冷藏庫等，目前設備，頗多完備。民國十八年，因感學生外海實習之需要，乃呈准建設廳與上海大中華造船廠訂立合同，建造民生一號二號手繰網漁輪二艘。民國十六年十一月，改名爲浙江省立水產科職業學校。二十年改委金炤爲校長。二十二年改稱浙江省立高級水產學校，二十三年七月辭職，廳令巫忠遠代理校長。旋校中發生風潮，因廳令停辦。是爲國內水產界重大之損失，後經浙水產學校校友及水產界同志奔走呼籲，乃於二十四年二月一日，改爲浙江省立水產試驗場，只於場內附設水產訓練班、漁業指導人員訓練班，以爲造就應用之人材。

第五節　集美高級水產航海學校

福建水產教育，在集美學校未成立以前，在福州曾有乙種水產學校之設立。民國九年春季，集美學校，因感水產教育之重要，乃設立水產科，附設於該校師範學校，聘馮立民爲主任，定學制爲四年畢業。民國十年九月，以水產科與商科中學等合併爲中學實業部。及十二年二月，乃分出成立爲水產部，是時學生漸多，已增至一百餘人，改訂學制爲五年畢業，並改校名爲高級水產航海部。民國十五年，購置集美二號拖網漁輪一艘，以張柱尊爲船主，備學生實習之用，並經營漁撈。十六年春，改部爲校，但校務管理，用委員制，以馮立民爲主席委員。十七年二月，乃改委員制爲校長制，卽以馮氏爲校長。十八年馮校長辭職，以蘇國銘暫攝校務，半年後，乃聘張榮昌爲校長，經費則由校董陳嘉庚按月發給，每年經常費二萬元左右，學制仍爲五年畢業，迄今祇有漁撈一科。

第六節　廣東省立高級學校

廣東在民國十八年由該省水產試驗場內附設水產講習所，於同年九月開學，定一年修業，一年實習，所長由場長兼任，教職員亦由場內職員兼任，但不久卽告停止。至民國二十四年春，教育廳爲發展漁業起見，曾派程一岳、鄧騰裕負責籌備，至二十四年七月籌備就緒，擇定汕頭蜈田公山附近，由教廳撥校舍建築費五萬元，設備費約三萬元開辦，並先在汕頭市租賃臨時校舍，卽於是年八月二十一日招考，九月開始上課，十一月由教廳委任張上儒爲該校校長。自二十五年八月起，改派姚焕洲爲校長，俟校舍築成後，卽行遷入，並加擴充。

第七節　山東水產講習所

山東省水產講習所設立於烟臺西部之西沙嶴，與山東水產試驗場接近，校址頗稱寬敞。民國十二年，由尉鴻模籌備成立，慘淡經營，已歷年所，該校學制爲依乙種職業學校辦理，而專以培植水產職業人才爲主旨。以烟臺自民國十二三年以來，先後爲畢庶澄、張宗昌、劉珍年等軍事佔據之特殊區域，一切行政輒受阻礙，殊鮮成績。民國十九年春季，廳令結束，由水產試驗場保管。山東水產教育乃幷此乙種職業學校性質之講習所而完全消滅。

第八節　漁民小學

吾國漁民小學，寥如晨星，全國所得僅數所而已，玆將廈門漁民小學及廣東汕尾漁業學校分錄如下：

廈門漁民小學

福建廈港漁民小學，成立於民國十一年秋，其經費係由漁民漁獲物收入項下按千分之八抽收，其課程除普通各科外，高年級每週加授水產功課三小時，教職員十一人，專任者九人，學生達二百七十八人之多，由廈門集美水產學校畢業生歐陽治爲校長。每月經常費實支祇二百餘元，而收入年可達萬元左右，現餘款俱由校保管，以備將來擴充之用。

廣東汕尾漁業學校

民國二十二年二月，廣東省潮汕漁業管理所內附設汕尾漁業學校，是年學生入校者三十三人，所有教員，由管理所分所職員擔任。其漁業學校簡章如後：

（一）宗旨　以培植漁民子弟增加漁民智識爲宗旨。

（二）定名　定名爲廣東建設廳潮汕漁業管理所附設汕尾漁業學校。

（三）校址　汕尾中山路三十九號。

（四）校董　公推熱心公益之漁戶任之。

（五）教職員　由本所主任兼任校長，汕尾分所管理員兼代校長，除聘定專任教員一人外，並由汕尾漁業管理分所全體職員兼任義務助教及管理。

（六）學生　以當地漁戶船戶子弟爲限，每期學額暫定五十名。

（七）學期　每年分二學期，第一學期自二月起至七月底止，第二學期由八月起至下年一月底止。

（八）科目　分設國文、算術、常識、歷史、地理、漁業常識、體操、圖畫、唱歌等，科酌量學生程度，按步實施。

第五章 漁業技術之進展

第一節 水產技術演進之各階段

生產技術之進步，爲實業發展之原動力，漁業亦常隨生產技術之進展而進展。縱覽世界各國之漁業，一比較其發展之迹，凡漁具之構造裝置與漁撈、養殖、製造等方法之進化，雖在交通未開始之處，亦無不同出一轍者，蓋欲發達一定之生產事業，必用一定之生產手段，循一定之發展程序，各地漁民，雖不相往來，然需要相同，人智相若，則其所發展之遺迹，亦不謀而合也。玆就漁具及各項技術演進之程序，而考察漁業發展之各階段，略分爲如下之三期。

（一）未開明時期　此時代之人民，近島嶼者業漁撈，猶在陸地者之事狩獵，蓋依其自然之環境而爲生者，其漁撈之目的，既僅爲滿足個人之需要，故其勞動亦僅爲個人單獨之動作，無所謂合作與協力。其行漁之漁具，大多只能適用於一人，就中以鈎銛弓矢及簡單之網類爲主，多以木石骨角介甲等爲之，亦有稍爲簡單之加工者，鮮有以金屬製造之物，漁船亦小而簡陋，且行必以櫂，罕見其使帆者。

捕獲魚介類之漁具，既極單調，則漁法自亦幼稺，漁場範圍，僅能及於海濱與河湖之近岸，漁場內之海產物，殊爲豐富，漁撈者大概以各自滿足其需要爲止，其所捕獲之物，全部消耗於食用間，有以介殼之堅硬部，魚類之鱗齒龜甲，海獸之牙骨等，作爲裝飾用者。當時漁民皆從事漁撈，不相賣買，貯藏之法，亦尚未發明。

（二）半開明時代　此時期之人，始知貯藏之必要，製造旋興，漁撈之法，亦稍進步，規模亦漸宏大，近海沿岸之區域，已多擴作漁場，漁具之構造及使用法，亦依漁場狀況及魚介之種類而不同，漁船亦視漁撈之方法、漁場之形勢而互異，種類繁多，船身堅牢，且能使用風帆。

又以貯藏法之進步，與用途之擴張，而需要亦因之增進，凡從事於漁撈者，儘可盡量採捕，以其所餘，出售市上，所用網具孔目，漸次細小，以希捕獲豐富，然其結果，則沿岸之魚介類，數量漸減，而個人獨占漁場壟斷漁利之觀念隨之發展，彼此衝突爭奪之事，常時發生，漁業私有權及漁業者行漁規約，亦隨需要而產生。

當時人口逐漸繁殖，社會經濟，進入於較高之階段，漁業上之分業漸興，漁撈者不必從事製造，製造者不必從事販賣，此時之製造品，以乾製與鹽藏爲最發達，至於精製及養殖之法，則尚未有多大之進步。

（三）開明時代　此時期內，漁撈、製造、養殖三者並起，蓋以人口之增加，交通之發達，魚介類之需要激增，又因濫獲之結果，以致魚介類之減少，知非僅恃消極的辦法限止漁撈所能爲功，勢不得不藉人力以積極之方法，助成魚介類之繁殖，此養殖事業之所由興也。製造貯藏之法，其範圍亦漸推廣，爭相發明種種之新法，以保存魚介類之美味，漸知注意於滋養分之多少，消化之良否，除鹽製乾製等方法外，他種之貯藏法及運輸，如冷藏庫冷藏車等亦漸發明，漁場、漁具及魚類凡關於水產一般之事件，皆知利用科學之研究與改進，政府亦施以監督與獎勵，以扶助其發展，各項發動漁船之發明，拖網手繰網漁業之成功，工船漁業之發達，行漁區域擴至遠洋深海之處。總之第三期之漁業，乃隨科學之發明，一般社會經濟之發展，而遂步進入於現代之域。

第二節　我國漁撈製造養殖之進化

（一）漁撈

中國漁撈之開始渺不可考，大概上古之世，人類至少，物產至多，水產動物，盈川盈海，予取予求，俯拾卽是，無所謂漁業。厥後人口日繁，文明日進，漸開始利用之道，天然物產，因而減少，於是不得不講求捕取之術，故漁網之製造，實肇自三皇時代，易曰「結繩而爲網罟，」爾雅「魚罟謂之罛，」漁網漁法，日漸完備，秦、漢以下，始有罾網，「罝人所罾魚腹中，」卽見漢書。

漁期從來古矣。月令：「孟春獺祭魚，」「季春薦鮪於寢廟，」與「獻人春獻王鮪，」均言漁期也。「鼈人職秋獻龜魚，」亦言漁期也，王制：「獺祭魚然後漁人入澤梁，」是謂正月取魚言漁期也，潛詩序：「季春薦魚」與月令「季冬始漁」亦均言漁期也，惟夏非其時，國語：「宣公濫於泗淵，里革諫之，」蓋古者魚介之族，固未嘗不取，然平日於虞衡之官滋之息之，以遂其孳生，亦頗具至意也。

捕鯨之事，在昔亦未嘗無之，廣東新語曰：「海鰌背常負子，蜑入輒以長繩繫鎗，飛刺之，俟海鰌子斃，拽出沙潭，取其脂貨至萬錢，」至咫聞錄所載捕鯨事尤詳。

漁撈技術中，最重要者，爲漁具與漁船，茲將吾國漁具與漁船之進化，分述如下：

（1）漁具　上古時代，以魚類滋生繁多，人類卽於海岸或河邊用石片或樹枝將魚類擊斃，然後取食。故其漁具之分類名稱乃有所謂一擊、二突、三搔、四挾等。擊者，卽爲擊殺水族之方法，如近世尙盛行之美國式捕鯨法，卽屬此類之演進。突者，刺殺水族之方法，一般分別其漁具爲銛鉗等之有矛鋒者，銛爲刺魚所用，鉗爲捕貝類海參所用，沿海仍有沿用者。搔者抓爬棲息於土中水族之方法，應用捕取貝類，現浙江象山、寧海一帶，採捕蟶種所用之漁具卽屬於此。挾者，亦爲專供採取棲息於水底之貝類所用。其後發明釣具，以吾國素向注重內河漁業之關係，釣具最爲普遍，爲文人雅士游息山林之習用者，宋邵堯夫漁樵問答云，「漁者物六：竿也，綸也，浮也，沈也，鉤也，餌也，一不具，則魚不可得」。則此六者，卽所以成釣魚具，當時卽以此代表漁者，足見斯時釣魚業之發達。網具之中，則以抄網類肇始最早，以其無須共同作業完全以個人爲行漁單位所致，其後乃有掩網類與拖網類，而尤以拖網類發明最遲，其時代俱已不可考。拖網之中，至十九世紀英國始發明輪船拖網漁業，吾國於清季以張季直先生之提倡，始知效法。日本於大正四年參照吾國之大對網漁業改良用汽船而成爲新式的手繰網漁業，以後吾國山東卽首先效法，近年華北上海各地已漸見發達。

（2）漁船　太古造船，非專事漁業，亦非爲交通，蓋偶見桴木之漂浮水面，遂觸其天賦模倣之性能，效之以爲游戲。淮南子曰：「古人見窾木浮而爲船，」爲原始時代發現「船」之動機，其後又進而爲刳舟，卽用木刳去內心，此項方法爲世界共同之造船法也，易繫辭傳曰：「黃帝……刳木爲舟，剡木爲楫，」是爲我國船舶之起始。其後乃利用爲水上交通之工具，交通愈繁，需要愈增，而此爲交通工具之船舶，亦日漸改良。其後又知使用布帆而利用風力，廣志載：「鱟魚狀如便面，體眼眼在背上，口在腹下，其血碧色，背上有骨高七八尺，無風則偃，有風則舉，乘風而行，俗呼爲鱟帆，舊云，視鴟制柁，視鱟制帆，」爲船之構造進步之由來。我國漁業，俱以沿海沿河爲多，是以漁船俱屬平底，以便非捕魚期間，可以拽引至岸上。迄今討論各國水產業中漁船一方面者，中國漁船亦得另分一類，成爲中國型漁船。所謂中國型漁船之主要部分，爲敷於船底之底板及舷側之側板，相互緊着，依船樑而支持之，以構成船形。其較大者或增設甲板，或備艙間也。小者用縱航，較大者均用橫航。考中國型漁船吃水甚淺，船底扁平，故概能拽上灘岸，無須精備之漁港設備。行船俱用腕力或風力，故需費不鉅，乃爲舊式沿岸漁業所樂用，惟吃水既淺，易於覆沒，又大都無甲板之設備，更易受水，構造不固，不能耐浪，是亦爲我國漁業不能向外發展之一因。

清季以來，購置漁輪，發動機漁船，漸輸入我國，漁船之構造，日漸進步，漁船之構造與普通商船，漸異其組織，其最重要之處，爲龍船骨部，因魚船之龍骨部爲尖銳形，重心在下可以經耐風浪。（附流網漁輪及運輸船解剖圖樣）

（二）養殖

吾國古書中，記養殖者頗多，陶朱公養魚經云：「治生之法有五，水畜其一，水畜者魚也」其以養魚致富之事，人多傳爲美談。周書有毒魚之禁，毒魚古用芫花莽草，今多沿此惡俗。至於海濱居民，致力於種蟶種蠔，稱爲蟶田蠔田，始於何代，已難稽考。他如魚苗之養殖販運，亦多載於誌書。漁民雖不識文字，不能如今日之應用科學，以研究改良，然亦自有其私相授受之成法。

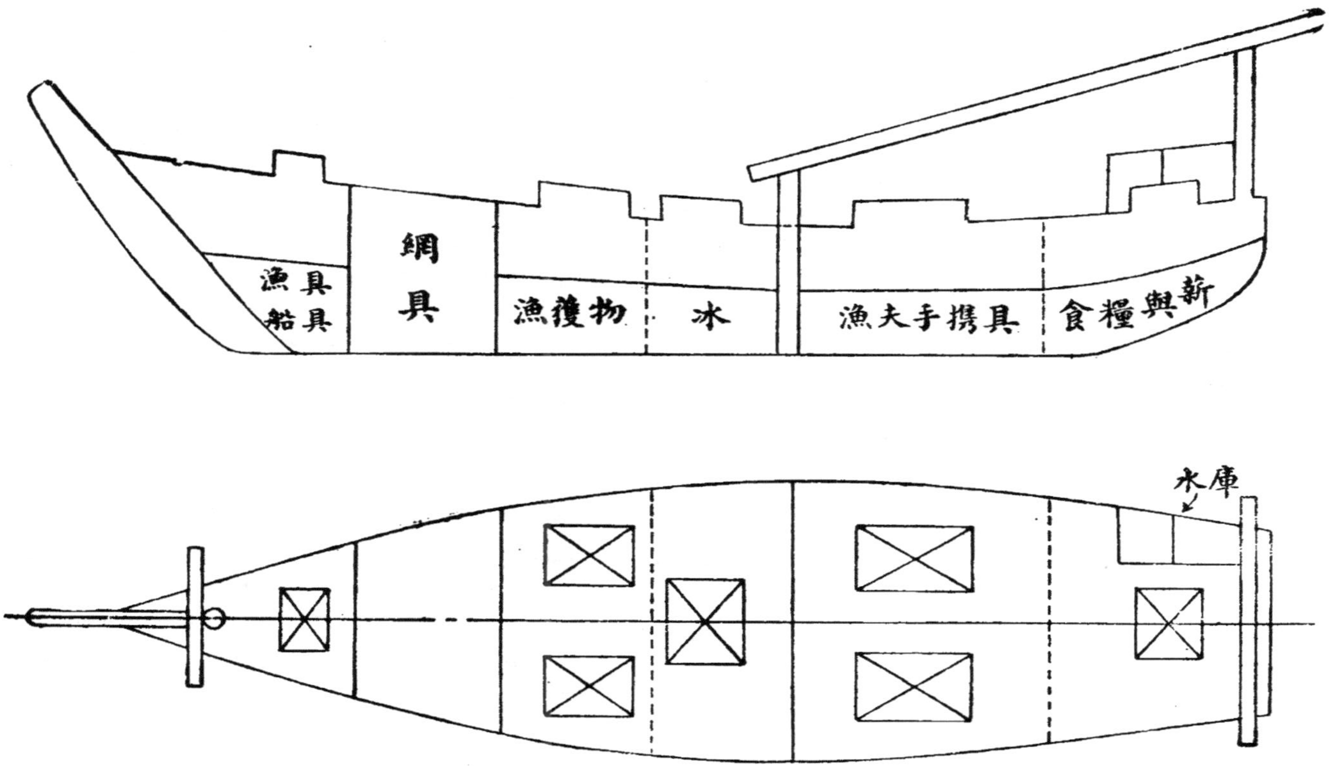

（一）流網漁船之一般配置圖

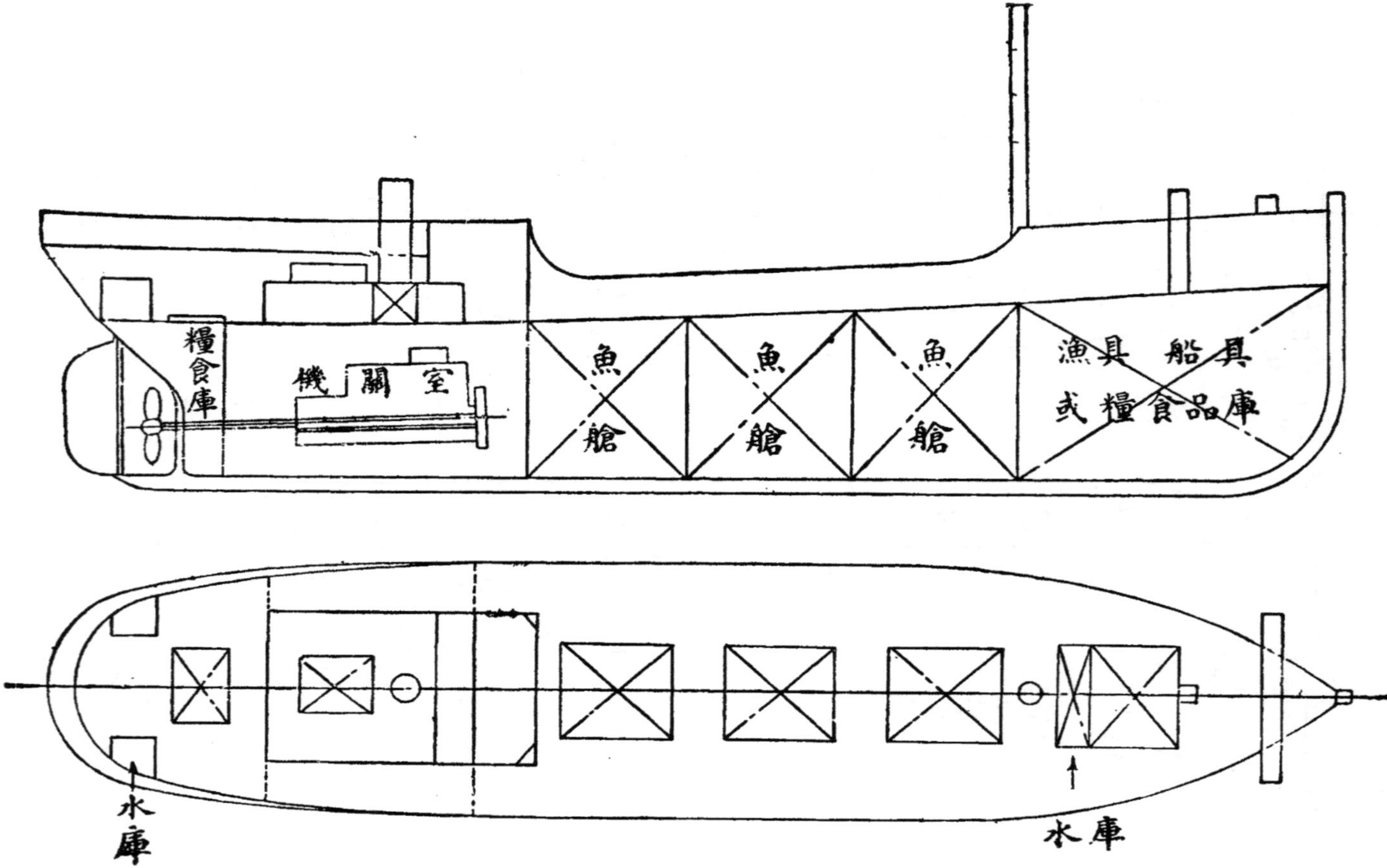

(二)運搬船之一般配置圖

閩錄云：「仲春取子於江，曰魚苗，畜於小池，稍長入蓽塘，曰蓽鯇，可尺許，徙之廣池，飼以草，九月可取。」又廣東新語載南海九江村以撈魚花爲業，魚花產於江西，其類不一，取時知某方有雨，某方之水長，則某魚至。西南爲南嘗，左江多土鯪，正南爲柳州，右江多鱅鰾，西北爲桂林，多草魚，草魚者鯇花，四者畜池易長，初取時盛以白磁，長至針許，已能辨其魚類，浮者爲鰾，在中者鱅，在下者鯇，最下鯪也，分養池中，向陽易長，稍長曰蓽鰾。蠔蜆蟳蟶之屬，閩、粵、浙人多殖之，南越筆記東莞新安有蠔田，與龍穴洲相近，以石燒紅散投之，蠔生其上，取石得蠔，仍燒紅石投海中，歲凡兩投兩取，謂之種蠔。又以生於水者爲天蠔，生於火者爲人蠔，成田分界，尺寸不踰，踰則爭。生蠔之所曰蠔田，生蜆之所曰蜆塘，塘在海中，亦無實土也。廣州海中蜆塘長三百里，皆產白蜆，蟳大於蜆，聞雷則生，春初種之，冬月乃取，田在海中，亦曰蟳塘。蟶閩、粵人種之，謂之蟶田，饒平有竹節蟶，浙江瀕海種蟶亦多。穀雨節時，象山人用夏布小網，向塗邊取子，名蟶秧，小如米粒，大者倍之，將泥淘淨，播散塗內，如播秧穀，即蟶田也。潮汛漲入，蟶秧鑽入泥中，上有小洞，此蟶即活。塗泥肥者，逾年即可採取，獲利恆倍蓰，不如法，則折閱亦甚。

保護飼養之法，其誌書所載，或成法相沿，不無足資考證者，自昔凡鑿池養魚，必以二，有三善焉，可以蓄水，鬻時可去大而存小，可以解汎（此池汎可入彼池。）不可以漚痲，漚痲則汎，魚遭鴿糞亦汎，均以圊糞解之，食楊花亦然。池不宜太深，深則水寒而難長。魚之遊行，晝夜不息，有洲島環轉則易長，池旁樹芭蕉，則露滴可以解汎。樹楝木，則落子池中，可以飽魚。樹葡萄，架子於上，可免鳥糞。種芙蓉，叢生岸周，可避水獺。池之正北三面有日，魚必聚焉，浚宜特深，飼草亦宜北方，飼魚不可撩水草，恐有黑魚鮎魚等子在草上，是能食魚。池中不可着鹹水石灰，能令魚汎。凡池之蘊太密，則魚鬱死，必去其半。又山中暴雨入池，帶惡蟲或蛇氣，俱令魚生虱，魚虱如小豆大，似團魚，魚生虱則瘦，宜細檢視之，有則以松毛遍池中浮之，則除。凡大池之旁，宜有小池，以便冬月寄魚具栽荇焉。

江西養魚法，掘小池一丈，深八尺，底又作小池，方五尺，深二尺，用杵築實蓄水，至清明前後，買鰱魚鱓魚長一寸許者，每池鰱六百，鱓二百，日以荇帶草餧之，無草可用鹽蛋殼食之。一法作羊棬於塘岸上，安羊，每晨掃其糞於塘中，以飼草魚，而草魚之糞，又可以飼鰱魚，但不免略有滯味耳。要之，水畜之利，古人固深致意也。

（三）製造

吾國水產製造之沿革，古籍所載，不無鱗爪可尋。周禮鹽製乾製，各有專職，乾製之法最古，卽借火氣日光併製而成者，俗稱乾魚，卽魚之薨者。凡乾魚可盛器以致遠，石鼓文，何以槖之，惟楊及柳，槖包也。易曰包有魚。魏武食制，謂之蕭析，謂以蕭蒿承曝而成也。李時珍謂淡壓爲腊者，曰淡魚，曰鱐魚，曰鱇魚，鳥賊魚鹽乾者曰明鯗，淡乾者曰腹鯗，凡魚之乾製者，其法多類此。嶺表錄異，嘉魚肥美，最宜爲鮵，每炙以芭蕉葉隔火，恐脂滴而火滅，鮵蓋卽爊魚之類。

醃製之法，亦爲歷史之最古者，其類不一，有以酒製者，亦曰糟魚法，其酒製介類，則醉蟹爲尤著，江南居民多市之。有以鹽製者，凡魚欲久蓄，必漬以鹽，則雖久不敗。浙人鹽鰳魚之法尤特別，鰳甫上水，以繩繫尾而懸之，其水從口濾盡，卽以椶櫚裹之，倒插於醃艙，使窟於鹽內，逾一月取出，去外裹之物，則魚色如生，而味已漬入。有以製醬者，廣東通志稱蝦醬以香山所造爲最美，新寧大襟海上下二川者亦佳，初醃時，每百斤用鹽三斤，封缸口，俟蝦身潰爛乃加鹽至四十斤，可以久食。海物異名記所謂醬蝦細如針芒，海濱人鹹以爲醬者。江南蝦醬，雜以魚子。惟出通州長樂港尾者，爲海錯，疏所稱述。又有以製油爲燭者，史記：「始皇之葬也，以人魚之膏爲其燭也，」瓊州志：「海鰌多油，貨至萬錢，」

是已入市矣。晚清以來，各種水產製品，雖有相當進步，如廣東之蠔油、魷魚，浙江之沙門鮝，河北之蝦醬等等，均著盛名，而廣東汕尾、浙江岱山之水產品製造業，亦甚發達。然曠觀各國水產品製造上科學之應用，日新月異，製品之色味衞生及耐久性，均大有進步，罐頭事業，尤爲發達改良，非急起直追，力謀革新，終將無以逃於劣敗之境也。

第六章　新式漁業之沿革及其進展

第一節　輪船拖網漁業之史迹

中國新式漁業，概分輪船拖網漁業及汽船手繰網漁業二種，拖網漁業之漁輪，其噸位普通在二三百噸左右，然世界最大之拖網漁輪，亦有達一千五百噸以上者，原動力多利用蒸汽，間有運用石油引擎者，最近更有試用電力，唯尙未見諸實行耳。手繰網漁業之漁輪，噸位較小，通常爲二三十噸以至七八十噸，然亦有大至一二百噸者，多數爲木殼，亦有以鋼鐵製造，惟均用石油發動機，作業時以同式船兩艘曳一網而行，此則與拖網漁業有別。本節先述我國拖網漁業發展之史迹，

輪船拖網漁業，爲利用輪船偉大之動力，以拖引較大之網具於海底，而撈捕游泳或蟄伏於海中之魚類。此種設備，其起原於一八八二年，發明於英國，後幾經試驗，始告成功。於是各方效法者風

起雲湧，而事業乃漸入於繁盛之境地。迄今世界濱海各國，無不以此爲重要漁業之一。至於我國輪船拖網漁業，則始於民國紀元前八年，首爲實業界前輩南通張季直先生所提倡。蓋當光緒三十年三月，張氏條陳商部設立漁業公司，經營新式漁業辦法，當由商部奏准，並詔沿海七省督撫同時籌備。於是張氏與蘇、松、太道袁樹勛，相度形勢，規劃一切。當時決定以內外界定新舊法爲宗旨，其意義卽爲將漁業分爲遠洋近海二部份。以新式漁業在遠洋工作，因遠洋爲公共之海面，宜於用新式之漁輪作業，意欲以是與他國相抗衡，近海則由原有舊式漁輪作業，以維持原來之小漁業，卽其所謂外爲內障，內爲外固，相資爲用，而不相妨之意。先就江、浙、閩、粤成立南洋總公司，四省則各設局，江、浙以關係密接，合設江浙局。凡鳩集股本，仿造新式漁輪，由局擔任，而各縣則設漁會而隸屬於局。漁會爲舊式漁船所組織，以漁會餘款供給局方添購新式漁輪。一方赴遠洋捕魚，以資發展，一方保護舊式漁船，卽所謂以總公司爲綱，省縣會爲目，使沿海漁戶樂於有會而受局之保護，樂於有局，而不受外人之勾引，去其平日輸納各衙門之陋規，保其平昔被盜失之惡風，購置新式漁輪，發展新式漁業，尤爲其中之關鍵。光緒三十一年春，南洋大臣會同北洋奏設江浙漁業公司，適其時有德輪在黃海假漁，乃由蘇、松、太道撥公款墊購，定名福海。但當時技術人員過少，祇僱得較有經驗之膠州水手四名，其他概爲商輪之駕駛員，每年僅秋冬兩季作業於浪崗洋面，且稍有風浪，即行趨避。年終核算盈虧，竟損失七八千元。嗣後漁會成立，將福海歸併，以漁會之收入，補福海之損失，始能勉強維持。光緒三十三年，廣東有力資本家募集資本六十萬兩，設立廣東全省漁業公司，與上海漁業公司聯合。山東巡撫亦以準備金三萬兩，在芝罘創設漁業公司，以漁船之保護，漁具漁法之改良，魚類之鹽製販賣，魚族之養殖保護等爲業務，均以事屬創始，未能有何發展。民國以來，江浙漁業公司，銳意改進，撤換管駕，改良漁網，復規定每年自白露起至翌年立夏爲捕魚時期，自茲以後，成績漸見良好。民三浙海漁業公司之府浙漁輪出世，於是競爭既起，漁撈技術方面，亦續有進步。迨歐戰爆發，煤價昂貴，該公司以開支浩大，乃將府浙售於甬商，改爲商輪。八年春浙海漁業公司復活，新造富浙、裕新漁輪二艘（柚木殼，備有九十四馬力之石油引擎），雖初次出漁不利，然自修改後，即有萬餘元之餘利。惟因船體太小，不能航行遠洋，十年春該公司又向美國購一淺水兵船，改爲漁輪，定名富海，歷次出漁，成績尙佳。十一年農商部江蘇省海州漁業技術傳習所，在滬新造漁輪一艘，定名海鷹。十二年甬商翁某組織海利漁業公司，向英國購入一輪，定名海利，出漁於舟山羣島附近洋面，十四年改名海平。同年福建廈門集美學校，亦向法國購一漁輪，定名集美二號。十五年春復有振新漁業公司之繼起，新造振新一號漁輪一艘。十六年中華輪船漁業公司造中華漁輪一艘，三興漁業公司改建海興漁輪一艘，寧波源源公司新造鎭甯漁輪一艘。十七年永勝漁輪局改建漁輪一艘，定名永茂。十九年聯興漁業公司新造聯豐漁輪一艘，而永順漁輪局復改建海順漁輪一艘，風起雲湧，極一時之盛，漸趨於振興之途。惟終因管理不善，無特殊成績，以表露於社會，今者福海、海鷹，已改爲護洋之用，而海利因營業不振，重行改組，更改名永豐，振新一號初改黃海，因經費竭蹶，復於二十一年改組，更名茂豐，而鎭甯漁輪亦即是年觸礁沈沒。當二十年江蘇省立漁業試驗場成立之際，爲便於試驗新式漁網及漁撈方法，並調查海洋狀況起見，曾租用鎭甯漁輪，迄二十一年改租三興漁輪局之海興漁輪爲試驗船。至二十二年呈准江蘇建設廳自購漁輪一艘，以便試驗調查之用，乃於二十二年十月，向德國白利曼海文(Bremerhaven)地方購買漁輪一艘，於是月九日在上海簽訂合同，計價五千金鎊，該輪於是年十一月一日自德開出，迄二十三年一月九日抵達上海，由廳派員會同試驗場場長點收，定名連雲，即於是年正式出漁。二十三年四月間上海企業界莊志震等熱心水產事業，乃集資發起組織海利漁輪局，向上海浦東鴻翔興機器廠訂造新式拖網漁輪一艘，計船長一百三十五呎，馬力五百匹，造價九萬元，一切船殼材料，盡量採用國貨，於是年十一月二十三日下水，十二月試驗成績頗佳，是爲國人自造漁輪之優秀者。當民國二十二年，實業部成立江浙漁業改進委員會之際，該會曾由常務委員侯朝海提擬經營遠洋漁業計劃書，曾由該會通過送呈實業部，其後漁業改進委員會撤銷，實業部乃有自行添造漁輪之議，其計劃即照該氏所擬，乃於二十三年由部與德國公司接洽，擬建造（1）新式大型拖網漁輪一艘，充海洋調查及漁業指導之用，（2）新式拖網漁輪二艘，充試驗V.S.式新式漁具兼充漁業保護船及取締船之用，（3）手繰網漁輪二艘，兼任漁業保護及取締之用，（4）手繰網漁輪二艘，兼充漁業指導之用。以上七漁輪，共計一千二百餘噸，船上除普通漁船之設備外，舉凡各輪應有之海洋調查、冷藏、無線電、訓練人才等設備，均完全無缺，經數度接洽後，圖樣等俱各繪妥，旋以實部經費困難加以一二不明漁業大勢者之非議，竟作罷論，實爲吾國新式漁業之一大打擊。茲將吾國現有各拖網漁輪公司狀況列表於下。

公司名稱	經理姓名	資本額	創立年月	漁業種類	船名	實部執照號數	發給年月	地址	備註
聯興股份有限公司	張志勝	六〇、〇〇〇	二十年	拖網	聯豐	二二七	二十三年八月	南市鹽碼頭街三十八號	
永豐股份有限公司	樂苞東	六〇、〇〇〇	十五年	同上	永豐	二二五	二十三年八月	南市洽記里	
興華漁輪局	方國樑	五〇、〇〇〇	二十三年十一月	同上	中華	二三〇	二十三年十一月	南市洞庭山街	
永順漁輪局	朱嘉祥	四四、〇〇〇	十八年	同上	海順	二二四	二十三年八月	南市大碼頭	
海利漁輪局	莊志震	一〇〇、〇〇〇	二十四年一月	同上	海康	二三九	二十四年一月	浦東春江碼頭	
集美水產學校	陳希平	七五、〇〇〇	十四年	同上	集美第二	二三八	二十四年一月	南市恆心里七號	
江蘇省立漁業試驗場	姚泳平	九〇、〇〇〇	二十二年十二月	同上	連雲	一四五	二十二年十二月	南市大南門	
茂豐股份有限公司	陸畬璋	六〇、〇〇〇	二十一年	同上	茂豐	二二八	二十三年九月	南市大碼頭	二十五年三月轉售於華東漁業公司改船名為華東第三
永勝漁輪局	陸錦棠	八〇、〇〇〇	十八年	同上	永茂	二二六	二十三年八月	南市洞庭山街	最近已停漁
三興漁輪局	周梅庭	五〇、〇〇〇	十六年	同上	海興	二二九	二十三年十月	南市康家街	同上

第二節　汽船手繰網漁業之史跡

汽船手繰網漁業，爲現代最發達漁業之一種，良以資本小而獲利頗豐故耳。若夫近代各種工船漁業，以及輪船拖網漁業等，其規模之宏大自勝此多多，惟以獲利比例言之，則汽船手繰網漁業，實不亞於其他一切。考本漁業沿革，乃以日本島根及茨城二縣爲嚆矢。經該縣水產試驗場，探討試驗，及澁谷兼八氏之研究，始於民國八年發明利用石油機傳導作用，以引揚網具，又經多日研究，更於原有網具上，加添天井網及漏斗網等。網具之構造，始日趨完備。其後復經數度試驗，並參照各國舊式大小對船漁業方法，加以改良。民國九年始用二艘發動機船曳網，至是漁法更爲完善，獲魚大豐。

我國汽船手繰網漁業，乃以烟臺爲鼻祖，而今亦以烟臺爲最發達，按烟臺首倡此業者，爲辛作亭君，民國十年時，辛君任政記公司永利輪船買辦職務時，因見於日本汽船手繰網漁業試驗成績優良，爲挽回利權外溢起見，特糾合該埠海興成及大連原田公司，聚資倡辦漁業公司，辛君赴日本下關購來漁輪二艘，均爲單汽缸三十馬力者，定名曰富海、貴海，並聘日人充當船長大車等職務，營業頗爲發達。後富海因船體破壞，不堪使用，卽被拆毁，而貴海則因海上遭風吹至甯波附近，後雖仍將其運回，但自此以後，卽不見其出漁矣。同年（民國十年）並有「麻袋漁輪」之名者，其歷史莫明，惟因其船體破壞之處，均以麻袋纏敷之，故有斯名。當時漁輪設備之簡單及敷衍程度，亦可想知。汕頭之海豐漁業公司亦以時局關係，卽行停業。

次年（民國十一年）徐輔臣君由大連大東公司，購來漁輪二艘，均爲單汽缸三十馬力者，定名曰成源、會源，同年仁和昌魚行（舊魚行改組後之新名）購會利、益利二艘漁輪，亦爲單汽缸三十馬力者，統計營業均頗不惡。近年來因漁輪構造進步，此項陳舊漁輪自歸淘汰。現該會利、益利二輪，已轉售於人，從事運輸事業。

民國十二年鄒某購來單汽缸三十馬力之漁輪二艘，定名曰盛源、順源，彼時因水產豐富，漁輪較少，故大有取所欲取載所欲載之勢，各漁輪營業均極發達，後順源行漁於灤家口地方，以不諳航路，船體碰礁，此漁輪卽宣告永遠絕跡，盛源漁輪現仍存在，惟因船體陳腐，馬力太小，頗難再行漁撈，今亦改爲經營運輸事業。

民國十三年時，利盛公司初創，並購單汽缸三十馬力漁輪一艘，定名曰華海利，他如劉某所經營之瀛生、瀛德，亦於同年出海行漁，現瀛生漁輪仍繼續作漁業，而瀛德已更名爲裕興，專營運輸業。

彼時因各漁輪之營業日見起色，於是相效而行者，日益加多，故民國十一年度突增十餘艘，洪興公司卽於是年創辦，以洪興一號（五十馬力者）及洪興二號（四十馬力者）正式作業。而利盛永公司亦於同年由仁川造華順利等漁輪。徐輔臣亦於仁川定造漁輪二艘（六十馬力者，）定名曰會通、會利。同時王某所經營之東海、西海，以及苗某所經營德順利等漁輪，均於此年開始作業。總計全年所增添之漁輪，約十餘艘以上。同年上海有海利漁輪局之成立，向日本長崎購入手繰網漁輪一對，定名海光、同利，並聘日本人爲漁撈長及司機等職，時雖以機器陳舊，入不敷出，而各創辦人興趣濃厚，故於十五年夏，又購入一對，名海驥、祥利。嗣因股東間發生意見，乃以海驥、祥利分出，另組海利漁業公司。是時各地企業者已漸加注意，繼而上海方面有中國漁業公司、大安漁業公司出現，而甯波亦有甬大漁輪局等之設立，先後經營，獲利尚屬豐厚。所惜全部漁輪，大都購自日本，機械旣屬陳舊，船齡復已老大，致於經營事業，不免有所妨礙也。

民國十五年時，誠生公司創辦，並以誠生一號出漁，他如永發利、增順利、同英利、信利、盛利等十餘艘漁輪，均於本年度內起始營業。

民國十六年時，烟臺復有通利、同發、德生利、平海利、德順興及泰興順等十餘艘漁輪產生。而同年上海方面之大安漁業公司之安達、安慶，自外海漁場捕魚歸來，行至吳淞口，安慶爲日本商輪撞沈，嗣十七年安達復於外海遭風覆沒，該公司經理劉君石蓀，氣不稍餒，復向日本購入木殼船一對，定名安康、安裕，歷年經營，有時尚足開支，至民國十九年，以營業不振，以及前次兩船之損失，乃不得不宣告停業矣。

而同年烟臺方面，又有洪興公司之洪興三號，及利盛永公司之華盛利等，以及廣盛、新順利、成豐利及新德等十七八艘漁輪，均增添於同一年內。

民國十八年時，遼甯漁業局，由大連定購漁輪三艘，以作提倡漁業之先導，定名曰遼甯一號（七十馬力，大連阿部造船廠造，）遼甯二號（六十馬力，大連倉本造船廠造。）遼甯三號（六十馬力，倉本廠造），經營數年，成績頗佳，惟去年春季，將三輪同時轉售於本埠長生德魚行，現更爲海福臨、海祿臨及海壽臨等名。他如裕海利、萬洪興等漁輪，亦於同年相繼而起。彼時除少數漁輪，因特殊原因，致營業平平外，餘者以漁獲豐富，價值昂貴，故漁業極稱發達。同年四月浙江省立水產科職業學校與上海大中華造船廠訂定合同，建設鐵殼手繰網漁輪二艘，定名民生一號、民生二號，出漁以後，成績頗佳。惟初時不以獲利爲目的，僅遠赴温州外海以及臺灣北部沿海，調查漁場，至前昨兩年，始出入上海港從事經營矣。十九年廣東水產試驗場向日本長崎造船所定造木殼手繰網船一對，於七月初旬駛抵上海，定名海鷗、海鷹。民國二十年有志達漁輪局成立，向日本購入東泰丸手繰網木殼漁輪一對，改名達富、達貴。同時復有福生漁輪局之創設，亦購入日本漁船手繰網木殼漁輪一對，原名統洋丸，改名福生一號、福生二號，故上海港手繰網漁輪，在二十年度，僅此三對。至烟臺方面，自民國十九年及二十年，二年內亦僅增添漁輪二三艘，此亦大盛中之一跌。主要原因，一由於國內外軍事戰爭之影響，二爲國際金貴銀賤經濟恐慌之襲擊，三爲大水旱災之暴發，與農村經濟之崩壞，企業者保守尚恐不及，又何有前進之心，漁輪業之不振，不爲無因。

民國十九年四月福建泉州人江裕慶在香港長沙灣廣長興船廠定造手繰網漁輪一對，造價五萬五千三百元港幣，定名閩山第一第二號，成立閩南漁業公司，開始在福建沿海捕魚，至二十一年五月以營業不振，改爲運輸船，更名建甯、延平，至二十二年八月二十四日以二萬五千元售與福建惠安人陳柏利。陳乃組織復興漁輪局，改名復源、復利，移至上海爲根據地，從事往江、浙捕魚事業。至二十三年成績仍不見佳，乃租予實業部護漁辦事處，以四月爲一期，每期租價七千元，直至二十五年底始行解約。

民國二十一年六月，河北省立水產專科學校在大連購雙聚興一二號漁輪，計價二萬七千元，改名渤海一二號。同年因日本金標價格猛跌，由二元餘一變而爲一元餘，由一元餘變至九角餘，（初日金一元，合華幣二元餘，現每元金票合華洋九角餘，）且日政府爲奬勵建造新式發動機手繰網漁輪起見，其舊有之馬力小者（不足八十馬力，）均不准出海撈漁，故均以廉價出售，金票既賤，急於出售漁輪又多，是以二十一年度內，烟臺新造及購置舊有漁輪，約近四十艘（新造者多，舊漁輪佔少數，）如復茂成、復茂盛及新恆順等漁輪，均係新造者，上海有志達漁輪局購買日船，改名泰興一二號出海作業矣。

二十二年烟臺增添漁輪十餘艘，而且多數亦係新造者（馬力亦多爲七十四，）如金茂盛、金茂利、德和順及德祥順等，並有華僑聯合水產界張君一，共同組織華東漁業公司，購福建廈門華南漁業股份有限公司手繰網二船，於是年十二月正式營業。二十三年上海方面有鴻豐漁業公司購日船三艘，定名鴻豐一二三號，舜天漁輪局有海永、海利二船，該二船原爲日本漁輪第一第二明生丸，常往來於上海港，在江、浙沿海侵漁，船主爲日人橫山俊，後賣於上海居留之日人德永忠明，於二十二年九月十六日賣於國人徐見明，再行賣於劉佛肩，成立舜興漁號，於二十三年六月二十三日核准營業。德泰錢莊主人孔蕃欽，以十萬元在日本新造手繰網漁輪二艘，定名德泰一二號，出漁以後，成績頗佳，但過後成績日壞，至二十五年乃租於江蘇漁業試驗場。同時有留日華僑何世錩集資創設大華漁業公司，購日本漁輪六艘營業以來，被各方控告，謂內有日本股本並僱用日人爲船員，當由實業部派姚煥洲查明具報，結果吊銷營業執照，迄二十四年改組，更名通源漁輪局，所有漁輪改名光裕一二三四五六號，於二十三年二月開始捕魚。二十四年更有福建南中漁輪公司改名華南漁輪局，定名華南一二號，而以上海港爲根據地，至烟臺方面年來略有增添，以漁獲欠豐，魚價低落，各漁輪業者，均不免遭受打擊。

第七章　水產貿易

第一節　我國水產貿易之沿革

我國農村在海禁未開以前，多爲自給自足社會。國內商業雖有相當的重要，但以交通困難，交換方法窳陋，尤其在鎖國主義之下，故不易自由發展。因此我國之社會經濟，始終停滯在農業社會的階段，而未有進步。以言漁業，則鹽乾製造業，遂極其幼稚，生鮮魚類，既不便於保存，又不便於運銷，結果只供當地人士之消費，故水產品之貿易，更較其他各業爲落後。

海禁開後，國內實業，又受外貨競爭之影響，而在水產貿易方面，則以日本爲最大之對手。日本與吾國貿易，始於一五九六年至一六一四年間，而日本之長崎，則爲彼我交換之地。當明末時，沿海各地，苦倭寇之擾，受海禁之限制，往來船舶不多。至一六八四年至一六八七年間，解海禁之制，航行日本船舶，漸次增加。當時日本以銅爲重要之貿易品，吾國則爲藥材及織物。至一六八七年以後，日本銅之產量漸少，始以海產物爲代替。一六九七年間，長崎以海參、乾鮑爲銅之代替物，大量輸入我國。一七六四年至一七七一年間，加以鰭鰭——卽魚翅爲之三品，其他復加以海帶、鰑鷄冠菜、石花菜、寒天、鰹鰤、乾貝等，以維持貿易之平衡。

日本自明治維新以後，對我國水產品之貿易，益臻繁盛，又以時事之變遷，兩國訂立通商規約，可以互市之地，吾國在日本已不限於長崎一港，而日本在我國貿易地，則多至十六處。甲午之役，馬關條約之結果，臺灣割讓於日，又開杭州、重慶、沙市、蘇州爲商埠，後又開放盛京、大連灣、秦皇島、梧州、三水等處埠。此後日本對於吾國之水產貿易，遂逐年增加。茲將日本明治二十五年起至三十四年止（光緒十七年至二十六年），對我水產品輸出價額，列表如下：

光緒	明治	價額 中國	香港	總計
十七年	二十五年	一、八二四、六七八	一、八九〇、三九五	三、七一五、一七三

十八年	二十六年	二、〇七八、四九八	二、四四七、六九七	四、五二六、一九五
十九年	二十七年	一、六九三、一九七	二、〇〇八、九二六	三、七〇二、一二三
二十年	二十八年	一、四七七、四八三	一、九一八、〇二一	三、三九五、五〇四
二十一年	二十九年	一、七四五、九四二	二、一〇二、〇九四	三、八四八、〇三六
二十二年	三十年	一、八九五、三一三	二、五七八、六〇三	四、四七三、九一六
二十三年	三十一年	一、六五九、六八〇	二、四六五、八五三	四、一二五、五三三
二十四年	三十二年	二、一五八、八六七	二、七六七、三六六	四、九二六、二三三
二十五年	三十三年	二、八一〇、七二〇	二、〇〇二、一三九	四、八一三、八五九
二十六年	三十四年	三、二〇〇、六五二	三、六〇八、〇三七	六、八〇八、六八九
附註	此表抄「明治三十五年上海總領事報告」			

上述水產品之主要者爲海帶、鮑、海參、鯣、蝦乾、魚；所列香港則爲水產品之經由香港而輸入吾國者，然當時香港人口僅二十五萬，消費甚少，雖一部分經香港轉於南洋新嘉坡等處，然大部分則輸入於我國內地，故仍列入計算也。

除日本外，歐、美各國水產品之輸入我國，爲時較晚，光緒三十三年，美商天祥洋行運來鹹魚以後，即有加拿大英國等地將鹹青川魚輸入，而俄國方面之海帶、海參輸入我國者亦不少，大都由東三省天津輸入。據日本明治四十三年（宣統二年）調查報告，俄海帶輸入東三省者，約爲年十二、三萬斤，輸入天津者約爲一萬把，海參則南洋產者亦頗多，（以上參考日本明治四十三年支那調查報告。）

東洋鹹魚，在水產品貿易上占有重要之地位。自日、俄戰爭以後，日本獲得俄領沿海廣大之鮭鱒魚場，因之此種鹹魚乃生產量大增，而大量向我國銷售。最近俄國實行五年與漁計劃，即注重於遠東漁業之開發，於是俄國產鹹薩門魚之輸入我國，數亦頗大。

食品罐頭業之盛行，雖爲時未久，然其運用於水產品者，種類極多，輸入我國者，最多者爲日本。挪威、美國之沙丁魚罐頭、薩門魚罐頭，日本之蟹罐頭，均佔我國水產市場重要之地位。

輸出方面，爲數極微，除少量螟蛹鯗鹹乾小黃魚有輸往南洋一帶銷售外，亦有少數輸往日本，在整個水產品貿易之輸出入上，形成一種以輸入爲主之畸形狀態。

第二節　我國水產貿易史之數字上觀察

我國水產貿易發展之概況，已如上述。然國際貿易之統計，則在現行關稅制成立以前，殊難考證。舊時所有海外貿易輸入品，多以納貢視之，故無從獲得資爲統計之材料。鴉片戰爭以後，五口通商，國際貿易漸興，然貿易統計，仍多缺如。咸豐八年（一八五八年），天津條約訂立，關稅引用外人，始有貿易統計之刊行，而其內容至爲簡略，同治六年（一八六七年）始稍完備。自此以後，迄今六十餘年，始能檢求水產之統計數字，茲將自同治七年後之統計列後：

附表

年	份	輸入	輸出
清同治七年	一八六八	九四六、八三五	一三、六〇八
清同治八年	一八六九	一、〇三〇、八六四	四四、二〇三
清同治九年	一八七〇	九五一、〇七六	一二、五三一
清同治十年	一八七一	九一二、七六〇	三五、六二七

清同治十一年	一八七二	一、四七五、二七八	六五、六二一
清同治十二年	一八七三	一、三九〇、七九〇	二〇、五一二
清同治十三年	一八七四	一、一七一、〇八五	一四、三三八
清光緒元年	一八七五	一、四七二、七八一	七七、四〇一
清光緒二年	一八七六	一、四六六、四九九	八〇、二一九
清光緒三年	一八七七	一、五八八、六二七	六六、五〇七
清光緒四年	一八七八	二、〇四五、九〇八	八八、五〇四
清光緒五年	一八七九	一、七四五、三一九	九〇、三〇八
清光緒六年	一八八〇	一、八四〇、一九七	八七、一九三
清光緒七年	一八八一	二、二一四、八七六	九四、三〇三
清光緒八年	一八八二	二、一五四、八四二	九一、九〇一
清光緒九年	一八八三	二、〇四八、八二三	九七、七六一
清光緒十年	一八八四	一、八七九、四八八	六八、八七三
清光緒十一年	一八八五	二、二二一、二五四	七四、〇九一

清光緒十二年	一八八六	二、五一四、二七三	九〇、二三六
清光緒十三年	一八八七	三、一五五、六〇二	四〇六、八一一
清光緒十四年	一八八八	三、七八五、三八〇	三四二、六五〇
清光緒十五年	一八八九	四、〇二二、〇二九	四二九、〇八二
清光緒十六年	一八九〇	四、二二九、九二八	五〇〇、七二三
清光緒十七年	一八九一	三、九〇六、九〇六	四七〇、四〇二
清光緒十八年	一八九二	四、一六六、四八九	四九六、二八二
清光緒十九年	一八九三	四、五六七、一〇四	七六一、一〇九
清光緒二十年	一八九四	四、五四三、二七六	八四八、九四八
清光緒二十一年	一八九五	四、四九五、七一一	九四〇、六一一
清光緒二十二年	一八九六	四、五八一、三七二	一、〇一二、二六五
清光緒二十三年	一八九七	五、一〇三、九六一	一、〇五七、六一八
清光緒二十四年	一八九八	四、六七〇、六九二	一、一〇九、八四四
清光緒二十五年	一八九九	五、四九二、二〇三	一、二三四、二六七

清光緒二十六年	一九〇〇	四、五六二、〇九三	一、二〇七、五三〇
清光緒二十七年	一九〇一	五、六五五、五五五	一、〇八七、九九六
清光緒二十八年	一九〇二	五、五一三、三二二	一、一九六、三五二
清光緒二十九年	一九〇三	六、八二三、〇九四	九九二、〇一一
清光緒三十年	一九〇四	七、四一九、八四八	九六七、五五三
清光緒三十一年	一九〇五	一〇、七九七、九七二	一、一六四、三三七
清光緒三十二年	一九〇六	一〇、〇二〇、七六六	九六四、七一九
清光緒三十三年	一九〇七	一〇、二九九、五九六	一、〇一九、六八〇
清光緒三十四年	一九〇八	九、四六六、六三五	一、一五三、〇六二
清宣統元年	一九〇九	一〇、四四四、七四四	一、四五七、〇七二
清宣統二年	一九一〇	一〇、五三〇、〇八一	一、四九八、六六五
清宣統三年	一九一一	一一、六五九、八〇三	一、四〇〇、九五七
中華民國元年	一九一二	一二、二七九、二〇四	一、六一七、六八三
中華民國二年	一九一三	一四、八一七、七四五	一、八九八、八一五

中華民國三年	一九一四	一五、一一二、二三〇	一、七八一、六四三
中華民國四年	一九一五	一七、三二三、二三九	一、七五九、二一二
中華民國五年	一九一六	一五、九六三、六〇七	一、七七九、七四五
中華民國六年	一九一七	一六、二六七、五四五	一、七七六、四六七
中華民國七年	一九一八	一五、一六九、九八二	一、一二二、九一八
中華民國八年	一九一九	一三、五六四、二三五	一、二〇一、五四〇
中華民國九年	一九二〇	一六、一〇四、九八三	一、六五一、一五八
中華民國十年	一九二一	一七、四五八、三七一	二、一八四、六八三
中華民國十一年	一九二二	二〇、二六六、〇〇六	二、一七〇、一六三
中華民國十二年	一九二三	二二、七一四、四三六	二、三二五、五七八
中華民國十三年	一九二四	二七、四九五、九三九	二、四一四、九三五
中華民國十四年	一九二五	二四、四二九、二二五	一、六八四、六一〇
中華民國十五年	一九二六	二五、四九八、四九五	一、二一八、四八三
中華民國十六年	一九二七	二六、二六一、四四三	二、三五〇、四三六

中華民國十七年	一九二八	二四、九四一、三〇三	二、九三四、六四四
中華民國十八年	一九二九	二六、二七四、七三一	二、六七三、六五四
中華民國十九年	一九三〇	二五、八五三、二二二	二、七九六、〇八二
中華民國二十年	一九三一	二三、五六一、三四六	二、八六三、七八二
中華民國二十一年	一九三二	一七、三七一、五一〇	二、五九一、一〇二
中華民國二十二年	一九三三	一一、五〇八、八八一	三、〇六三、九八一
中華民國二十三年	一九三四	九、二六九、四二三	三、〇七四、五四一
中華民國二十四年	一九三五	九、九九七、五〇一	三、〇九八、四七五

（註）二十一年份起，入口數字爲金單位，出口數字爲國幣，惟二十一年出口數字爲海關兩。

茲自一八七二年起，每十年爲期，其平均統計數字如下：

時期	出口	入口	入超
一八七二——一八八一	六七、六〇九・二	一、六二〇、七〇六・四	一、五三五、〇九七・二
一八八二——一八九一	二五七、二七三・〇	二、九九一、八三二・四	二、七三四、五六九・四

一八九二——一九〇一	九七五、六五五・一	四、七八三、八四八・六	三、八〇八、一九三・五
一九〇二——一九一一	一、一八一、四四〇・八	九、二九七、五八六・一	八、一一六、一四五・三
一九一二——一九二一	一、六七七、三八六・四	一五、四〇六、一一四・一	一三、七二八、七二七・七
一九二二——一九三一	二、三四四、二三六・七	二四、七二九、六一四・七	二二、三八五、三七八・〇

上表指示之統計數字，雖輸出亦年有增加，但較之輸入之突飛猛晉，竟是天壤之別。每十年之平均入超數，初三期逐期增加至一倍左右，最後之一時期中，入超竟達二千二百三十八萬五千三百七十八海關兩，比諸第一時期（十年）入超數之一百五十三萬五千零九十七海關兩，不啻增至二十倍之多。

吾國水產貿易，雖至今尙爲年年入超，但近年已有一比較好轉之現象，即入超之逐漸下降，且並非入口數字單純之下降，而出口數字竟成相反之逐漸上昇，茲將民國二十一至二十三之三年間統計列後：

年份	輸入 金單位	輸入 折合國幣（元）	輸出	入超（國幣元）	與上年比較
二十一年	一七、三七一、五一〇	三一、八六一、〇七〇	二、五九一、一〇二	二九、二六九、九六八	八九·七一
二十二年	一一、五〇八、八八一	二二、四四三、一八三	二、七八四、三六八	一九、六五八、八一五	六六·二五
二十三年	九、二六九、四二三	一八、二一四、四一六	三、〇七四、五四一	一五、一三九、八七五	八〇·五四

（註）數字根據國際貿易局統計（月刊）各月份累計。

從上表可以看出輸入自從一千七百餘萬降而至於一千一百萬，再降而至九百餘萬，一方固是因爲市面不景氣，而影響及於銷路之結果，然同時輸出是從二百五十萬而增至二百七十萬而再至三百萬，但增加之數甚徽，輸出入兩項數字相差，仍在六倍以上，則吾國水產貿易狀況爲可悲矣。

第三節　我國水產貿易史之關税上的變遷

在鴉片戰爭以前，我國關稅旣係自主，稅則自屬國定。至鴉片戰爭後（清道光二十二年卽一八四二年）南京條約的締結之結果，海關稅則，完全爲一種片面的協定。

其時海關收稅，已有海參、魚肚、海珠殼、魚翅、乾魚等等稅則。咸豐八年，天津條約之結果，海關主權乃完全爲外人所奪，其時水產品稅率，大部爲從價値百抽五，卽從量亦以此爲標準。至光緒二十八年，修正稅則，水產品稅率乃見增加。民國六年十二月，國定關稅條例公布，水產品稅率再度增高，華盛頓會議結果，允加附加稅以後，農商部提出稅則中鮑魚、有刺黑參、無刺黑參、白海參、乾貝魚肚、魚脊翅、魚肚翅、淨魚翅等均認爲奢侈品，稅率訂爲百分之十。十一年修正之關稅及十九年公佈之國定稅則中，水產品稅率均有顯著之增高。二十二年修正之稅則，水產品稅率，有增加至二倍三倍者，漁業界因得關稅之保障，頗具繁榮之象。然二十三年七月政府因日政府之要求，重行修正稅則，凡大宗輸入之水產魚介，均較二十二年減低，如鮑魚、海參、江瑤柱、魷魚、墨魚、海帶、海絲等，無不減低，其最低者減百分之十四，最高者減百分之二十六；他如佔民食重要位置之鹹靑鱗魚鹹薩門魚，未列名鹹魚三項，俱自從量稅減至從價稅，雖不能比較增減，但年來此項貨品產量之多，各國多削價傾銷，而此次從價稅祇收分百之二十，實不足以爲多。茲將歷次變更之稅率，列一總表如下，以見一般。

歷年水產稅率變遷表

最近號數	品名	單位	咸豐八年	光緒二十八年	民國七年	民國十一年	民國十九年	民國二十二年	民國二十三年
二七四	散裝海菜	擔	0.一五	0.三0	0.三0	0.二六	0.九八	一.八0	一.八一
二七四	散裝石花菜	擔	0.一五	0.三0	0.三0	0.二六	0.九八	一.八0	一.八一
二七五	鮑魚（甲）散裝	擔		一.五0	二.六0	三.六0	一八.00	三一.00	二五.三八
二七五	（乙）罐製	擔					六.七0	一三.00	一0.八八
二七五	（丙）其他	從價					三.五0%	三0%	一八%
二七六	海參（甲）黑刺參	擔	一.五0	一.六0	二.七0	三.00	一七.00	三一.00	二六.00
二七六	（乙）黑光參	擔		一.六0	二.00	二.五0	一四.00	二一.00	一八.一四
二七六	（丙）白海參	擔	0.三五	.七0	一.00	一.00	六.四0	一0.00	一0.三0
二七七	蛤蜊蚶子（甲）乾品	擔		.五0	.六九	0.九六	四.八0	五.五0	五.五0

二七七	(乙)鮮貨	擔		·〇五	·〇六	〇·〇六	〇·二八	一·〇〇	一·〇三
二七八	乾蟜池	擔		二·〇〇	二·一五	二·〇六	三·〇〇	二九·〇〇	二四·一八
二七九	蟹玉乾	擔		·六〇	·八三	一·二〇	七·一〇	一五·〇〇	一五·三三
二八〇	魚骨	從價				五%	一〇%	三〇%	一八%
二八一	乾鰵魚	擔	〇·五〇			〇·三六	〇·九五	二·五〇	二·一八
二八二	魷魚墨魚	擔	〇·一八	·六六七	·六八	一·六〇	五·六〇	一〇·〇〇	八·四六
二八三	乾燻魚(除以上兩項)	擔		·三一五	·四九	〇·五三	二·六〇	五·三〇	
二八四	鮮魚	擔		·一三七	·三三	〇·八三	二·二〇	三·二〇	三·二〇
二八五	鹹青鱗魚	擔				〇·一五	〇·五三	一〇·一〇	
二八六	魚肚(甲)上等每個重一斤以上	斤		四·二五	二五·〇〇	〇·四二	七·八〇	一·六〇	一·五七
二八六	(乙)次等每個不及一斤	擔		四·二五	二·八〇	四·九〇	一〇〇·〇〇	三七·〇〇	三七·〇〇
二八七	鹹薩門魚	擔		·一六	·一八	從價五%		一·四〇	一三%
二八八	未列名鹹魚	擔	〇·一八	·一六	·一八	〇·二二	〇·五三	一·四〇	一三%
二八九	魚頭魚臀魚皮魚尾	擔	〇·二〇	·六〇	·六四	〇·八八	從價一〇%	三〇%	一八%

二九〇	淡菜乾蟶乾蠣乾	擔	〇•三〇	•四〇 •三五 從價值百抽五	•八〇	一•四〇	八•〇〇	一〇•〇〇	一〇•三〇
二九一	散裝蝦乾蝦米	擔	〇•三六	一•〇〇 •六五	一•一〇	一•九〇	六•九〇	三•〇〇	三•七〇
二九二	海帶絲	擔		•一五	•一七	〇•三〇	〇•七九	一•四〇	一•〇三
二九三	海帶	擔		•一〇	•一三	〇•一九	〇•五〇	一•〇〇	〇•七八
二九四	海帶片	擔		一•〇〇	一•三〇	一•五〇	九•六〇	一〇•〇〇	一〇•二〇
二九五	紅海藻	從價				五%	一〇%	二〇%	三%
二九六	淨魚翅	擔		六•〇〇	六•四〇	三•五〇	二五〇•〇〇	三〇•〇〇	三〇•九二
二九七	未淨魚翅	從價	五%	四•六〇	四•四〇				
二九七	黑	擔	〇•五〇	一•六〇八	一•九〇				
二九七	白	擔	一•五〇	一•六〇八	一•九〇				
二九七	（甲）每擔值不過三十兩	擔				一•〇〇	一七•〇〇		一〇•三〇
二九七	（乙）每擔值不過一百四十兩	擔				三•〇〇	六〇•〇〇		三三•二五
二九七	（丙）每擔值過一百四十兩	擔				一〇•〇〇	一〇•〇〇		八四•六四

二九七	（甲）每擔值不過五十金單位	擔						10·00	10·三0
二九七	（乙）每擔值不過二百五十金單位	擔						三三·00	三三·二五
二九七	（丙）每擔值過二百五十金單位	擔						八四·00	八四·六四
二九八	未列名魚介海產品	擔							
二九八	（甲）散裝	擔					三·五%	二0%	三%
二九八	（乙）罐裝其他	擔					一五%	三0%	一八%
二九八	魚膠		0·六五						

（註）二十二年二十三年修正之稅率，以金單位計算。

第四節　中日互惠協定與水產貿易

中日關稅互惠協定之減低水產品稅率，使吾國水產業受重大之打擊。民國十九年國定稅率公佈以後，爲解除日本阻撓吾國關稅自主計，乃訂立中日關稅互惠協定。日本水產品，向以中國爲尾閭，故要求將其置於互惠之列，結果乃訂在附載之第二項中。故日本水產品之輸入，遂大增。

中日互惠協定稅則與國定稅則及二十二年修正稅則相比較，可知協定稅率較國定稅率減低頗多，其中除列名鹹魚、海帶絲、海帶三項相同外，餘如白海參一項，減低百分之四十六，減低最少者之鮑魚罐頭一項，亦尚減低百分之二十七，此外爲減輕百分之四十二、三十八、三十三、三十二、十九、二十八等。又與二十二年修正之稅率比較，則二十二年稅率較增高甚大，而能予日產以一大打擊，最高是乾貝一項，從協定稅率之每擔九·一〇加到二九·〇〇，實增百分比爲二一八·六八〇，就是最低之海帶絲一項，亦增百分比七十七。茲列表於下，以見一斑：

最近號數	魚介海產品	單位	國定稅則	協定稅則	二十年修正稅則	協定較國定減少之百分比	二十年修正比協定增加之百分率
一九六（二四九）	散裝鮑魚	擔	一八·〇〇	一二·六〇	三一·〇〇	四二·九%	一四六%
一九七（二五〇）	黑刺參	擔	一七·〇〇	一一·一三	三一·〇〇	二九·五〇	一七八
一九八（二五〇）	黑光參	擔	一四·〇〇	一〇·九四	二一·〇〇	二八·〇〇	九二
一九九（二五二）	白海參	擔	六·四〇	四·三八	一〇·〇〇	四六·一〇	一二八
二〇二（二五二）	乾貝	擔	一二·〇〇	九·一〇	二九·〇〇	三一·九〇	二一九

二〇五（二五五）	乾鰵魚	擔	〇・九五	〇・九五	二・二〇	—	一三二
二〇六（二五六）	魷魚墨魚	擔	五・六〇	四・二〇	一〇・〇〇	三三・五〇	一三八
	未列名鹹魚	擔	〇・五五	〇・五五	一・四〇	—	一五五
	散裝蝦乾蝦米	擔	六・九〇	四・九九	一三・〇〇	三八・三〇	一六〇
	海帶絲	擔	〇・七九	〇・七九	一・四〇	—	七七
	海帶	擔	〇・五〇	〇・五〇	一・〇〇	—	一〇〇
	鮑魚（罐裝）	擔	五・二五	二・五二	一三・〇〇	二七・六〇	一四八

又從輸入之價額上，加以比較，則協定稅則各月份日本水產品之平均輸入額較二十二年修正稅則時期各月份之平均輸入額增加百分之十九又八。如果以逐項貨物相比較（爲便於比較起見，即以最近二十一、二十二兩年輸入之總數檢視，）即可見協定時期之輸入較修正後增加很多。又海帶一項，二十一年輸入三七九、七八五擔，價值一、一五一、七五五金單位，而二十二年祇有一九五、九八一擔，價值四七五、〇五三金單位，減少幾及三倍。且二十二年之數字，一部份

之輸入尚在協定稅則時期，足見協定稅則予日本水産品之輸入以極大之幫助，茲將與協定有關係之水産品之輸入數字列表如下，以資證明：

魚介海産品名	二十一年（一九三二）擔	二十一年（一九三二）金單位	二十二年（一九三三）擔	二十二年（一九三三）金單位
海帶（一）實數	三七九、七八五	一、一五一、七五五	一九五、九八一	四五七・〇五三
（二）占進口數之百分率	九九・一	九九・九	九九・九	九九・五
海菜（一）	二一、八八三	一二三、一二八	一二、二四八	六二、九四六
（二）	四一・四	三〇・〇	三八・〇	二九・五
鮑魚（一）	二八八	二五、七二二	二四六	二三、一〇一
（二）	五六・〇	五〇・五	七〇・〇	六八・〇
海參（一）	六、二七七	四七八、八二〇	四、四三七	三二二・九三〇
（二）	一九・一	二九・〇	一四・六	二七・〇
乾貝（一）	四、三〇〇	三三八、六八八	三、六六五	二一三、四三八

（二）	九六·七	九七·〇	九七·一	九七·二
魷魚墨魚（一）	一一、四七九	三三九、四八九	一二、二二一	二七五、七六二
（二）	四三·〇	三七·〇	五〇·四	三八·七
乾鰲魚（一）	二〇、〇一五	一八一、三三二	二三、一六四	一六七、四七九
（二）	九七·〇	八三·一	九七·〇	九五·〇
乾魚（一）	一四、五九二	二四八、〇八六	一〇、三七九	一四七、五三七
（二）	五二·一	四五·〇	四七·一	四一·〇
鮮魚（一）	二七、一二〇	三〇三·一二三	一二八、二六六	五四二、三二一
（二）	七〇·〇	七一·五	九五·七	九〇·二
鹹青鱗魚（一）	七三、〇八六	四二〇、四三五	四三、八三四	二一三、二九三
（二）	一九·〇	一七·〇	二七·〇	二七·〇
鹹小列名魚（一）	七一、四二七	四一三、一〇五	二三、〇五五	一三八、四三八
（二）	八·〇七	六·七八	四·〇	三·四
乾蠔乾蠣（一）	一、〇八四	三七、六九七	一、二五五	二八、八八九

品名					
	（二）	八·一	九·一	一一·三	一一·一
蝦米 蝦乾	（一）	二、四四五	八五、四六〇	四、六六一	一四九、七五六
	（二）	六·八	四·五	一三·三	一〇·二
*魚翅	（一）	五九、一〇一	五七、一一六	二六七、八一五	九九、二四四
	（二）	三五·六	三九·八	四五·〇	二八·六
*未列名魚介海產品	（一）		二八三、八四〇		一七二、八七一
	（二）				
合計	（一）		四、四七七、八八六		三、〇六四、〇六八
	（二）				

（註）有*符號者，其稅率係照國定稅則征收，不在協定稅則以內。

日人藉協定稅則爲護符，而暢銷其水產品於我國。在此期內，我國輸入數額總數中，日產佔百分之六十八，但至二十二年稅則時期內（至二十三年五月底），日產逐減，佔全部百分之四十六又五。觀此可知協定稅則之有利於日產輸入，更足見水產稅率之增減，與日產輸入有鉅大之關連！

第八章 國際漁業交涉與外輪侵漁

第一節 中俄漁業交涉

吾國東北黑龍江省，北與俄境毗連，省內河流縱橫，自清季以來，常與俄人發生漁業糾紛。民國初元，東北曾發生俄兵助蒙進攻臚濱事件，糾紛頗甚。其間俄人直接與當地人民訂立租借合同，租借倭爾順河及黑龍江省各河，從事捕魚，亦為事件發生之一原因。民國元年，呼倫獨立，一時似為政治背景所致。同年三月十四日，農工部曾接黑龍江都督文稱呼倫變亂派員探查，發現蒙人與俄人德人屢有私立合同租售漁業舍廠等事，旋又得報告呼倫河漁業均為俄人佔用。同年十二月一日黑省朱民政長條陳對待呼倫辦法六端，其間即列舉可以准許俄人在該處捕魚之條件，四日駐俄劉公使電復謂俄可勸令歸附中央，但該處蒙人與俄商所訂一切合同，如漁業等項，須由中央政府承認，並切實擔保云。當時農工商部長周自齊、外交部長陸徵祥與俄方交涉，其後俄政府要求四項爲：（一）吏治應任蒙官，（二）俄商在呼倫已得各項權利須中國承認，（三）將來呼倫境內建築鐵路須用俄國資本，（四）俄人在黑省境內所喪失之一切礦權，中政府應予以相當之賠款。其中第二項中，漁業卽爲其重要部份。民國五年三月三十日，又復另行訂定租借捕漁章程。考蒙人與俄商所訂漁業合同截至民國四年十月底止，共達四十三件之多，茲將全部情形列表如下：

號數	俄商姓名	訂立年月	地點	里數	年限
一	司弼臣廓夫 窩達廓夫 俄里斐連廓	一九一二年二月十七日	阿爾順河	七俄里	五年
二	結列聶次克 克里摩維赤	一九一三年七月廿六日	阿爾順河	七俄里	五年
三	布什馬肯	一九一三年二月十一日	呼倫	二俄里	五年
四	書特果夫 烏拉基米爾	一九一二年二月十二日	阿爾順河	十五俄里	五年
五	米特罷方諾夫 司結潘	一九一三年七月二十七日	阿爾順河	一俄里	五年
六	別子滅里尼岑	一九一三年六月十日	阿爾順河	一俄里	五年

七	馬特瓦阿三諾夫	一九一二年八月廿六日	阿爾順河	一俄里	五年
八	朱赫也夫	一九一三年六月一日	阿爾順河	一俄里	五年
九	吉普新	一九一三年九月廿六日	阿爾順河	一俄里	五年
一〇	尼匡諾夫	一九一三年六月廿七日	阿爾順河	一俄里	五年
一一	爾拉衣連	一九一二年七月四日	呼倫河	二俄里	五年
一二	索洛尾夫	一九一二年七月五日	阿爾順河	三俄里	五年
一三	馬特尾	一九一三年六月十五日	阿爾順河	一俄里	五年
一四	馬特尾	一九一二年七月六日	達蘭額洛穆	八俄里	五年
一五	查果也夫	一九一二年十二月五日	阿爾順河	一俄里	五年
一六	索洛民	一九一三年三月十八日	阿爾順河	一俄里	五年
一七	倭罷桴夫	一九一三年一月六日	阿爾順河	一俄里	五年
一八	倭罷桴夫	一九一三年七月廿七日	阿爾順河	牛俄里	五年
一九	米特罷方諾夫馬司連尼廓夫	一九一二年十一月二日	阿爾順河	一俄里	五年
二〇	米特罷方諾夫	一九一三年六月六日	阿爾順河	牛俄里	五年

二一	結利聶次克 克利摩維赤 倭達廓夫 摩列和多夫	一九一三年九月十二日	貝爾河	三俄里	四年
二二	伊夫阿德	一九一三年六月六日	阿爾順河	一俄里	五年
二三	俄蒙商務公司	一九一三年六月六日	阿爾順河	一俄里	五年
二四	瓦結利贊	一九一三年六月一日	阿爾順河	二俄里	五年
二五	貝林 庫日阿也夫	一九一三年三月二十日	阿爾順河	一俄里半	五年
二六	庫子聶磋夫	一九一三年七月二十七日	阿爾順河	一俄里	五年
二七	布士馬肯	一九一二年五月一日	克魯倫河	十俄里	五年
二八	約里索夫	一九一二年三月九日	大賚諾爾湖	十二俄里	五年
二九	約里索夫	一九一四年五月九日	阿爾順河	十二俄里	三年
三〇	倭倫緝夫	一九一四年九月十四日	海拉爾河	十五俄里	十年
三一	喀塔也夫等六人	一九一五年五月二十二日	大賚河	十五俄里	十年
三二	伯里索夫		大賚諾爾湖	十二俄里	十年
三三	晝特果夫	一九一五年七月八日	阿爾順河	十五俄里	十年

三四	爾拉衣連	一九一五年七月十六日	大賚諾爾湖	二俄里	十年
三五	米特罷方諾夫	一九一五年七月十六日	阿爾順河	一俄里半	十年
三六	米特罷方諾夫 馬司連尼廓夫	一九一五年七月十六日	阿爾順河	一俄里	十年
三七	結列聶次克 克里摩維赤 窩達廓夫	一九一五年七月十八日	阿爾順河	十俄里	十年
三八	倭罷桴夫	一九一五年八月七日	阿爾順河	一俄里	十年
三九	倭罷桴夫	一九一五年八月十日	阿爾順河	半俄里	十年
四〇	索洛尾夫 吉普新	一九一五年八月七日	阿爾順河	一俄里	十年
四一	別子滅里尼岑 阿躂爾赫 吉普新	一九一五年七月二十九日	阿爾順河	四俄里	十年
四二	吉普新	一九一五年八月十二日	阿爾順河	一俄里	十年
四三	什林廓夫 尼廓拉夫	一九一五年九月二十六日	阿爾順河	一俄里	十二年

於一九一六年（民五）三月十六日俄人米謝雅普卽吉諾畢，擬再租阿爾順河之喇嘛廟附近作爲捕魚之處，當由呼倫貝爾副都統發給捕魚契約公文內有：『據交涉處寄呈據俄人米謝雅普

即吉諾畢稱，阿爾順河之喇嘛廟往上壕樹阿瑪地方，前年經俄人米哈諾夫、巴拉諾夫、楚平等租之捕魚，請將該地租於米謝雅普捕魚等情；查前租該處捕魚之俄人等，全行充兵去訖，以致無人捕魚；當可准行。玆將該處租給米謝雅普即吉諾畢捕魚，所有章程年限列後：

第一條　自阿爾順河之喇嘛廟往上壕樹阿瑪地方，俄一里之地，於俄曆一千九百十六年三月十六日起限十年租給俄商米謝雅普即吉諾畢准其捕魚。初年應交地租錢六百楚勒闊布，領契約時得交三百楚勒闊布，准於六月內交納。至按年應交租錢六百楚勒闊布，每年准於俄曆六月內交納，不得逾限。

第二條　該俄商米謝雅普欲在捕魚地上修蓋工人房屋貨棧及佔養魚之地，得先報蒙員，經查與蒙人若無窒礙，方得建造，不得任意佔取。

第三條　該俄商米謝雅普捕魚之時，不得迎流橫放羅網，致害他人之捕魚。

第四條　該俄商米謝雅普由蒙古衙門租得之地，限期之內，不得任意租於他人捕魚。俟十年限滿之後，米謝雅普願續租時，得仍照此約租予。

第五條　該俄商米謝雅普捕魚時，務得遵照呼倫貝爾副都統、俄領事等所定章程及續定之規則而行。

第六條　此約以蒙、俄文字書寫二份，鈐用印信，歸副都統衙門及該俄商米謝雅普各存一份，以資遵行。」

凡此俱爲撤銷呼倫獨立之條件之一部份，可見當時漁業交涉糾紛之嚴重。

一九一八年蘇俄革命以後，一九二四年五月三十一日中俄協定大綱及附件簽字，依其第三條之規定，各種在帝政時代之合同一律廢止，於是此項租借水面以捕魚之合同乃全部取消，而中俄漁業關係，亦卽同時停止矣。

第二節　西沙羣島與九小島被佔交涉

中國南海，除海南島以外，尙有羣島頗多，其最著者爲東沙羣島與西沙羣島，以及二羣島西南之九小島。該處俱爲珊瑚島，其附近更爲重要漁場，生產魚類極多，惜以我國對漁業素不注意，內地尙且忽視，更無論於海上之小島。淸光緒末年，日人佔東沙羣島，幾經交涉，始獲收回，遂移民墾殖。其時淸廷復派員查勘西沙羣島，唯以限於經費，遂又任其荒蕪。民國十一年十二月曾有日人勾結國人何瑞年以承墾西沙羣島組織實業公司，朦呈廣東省省長公署立案。是後卽由日船載來日人及臺灣人二百餘名，從事漁鹽，並開採燐礦，海南島人至該羣島捕魚者，悉被掠奪驅逐。時曾由海南島公民王樹人呈請農工部禁止，該部卽行文咨外交部廣東省長查復核辦，迄十二年八月二十三日外交部竟以：『……日人在西沙羣島從事漁鹽，驅逐瓊人，本部未據地方咨報有案……』函復農工部，至案懸未結。民國十三年八月，農商部准海部咨送所屬海道測量局局長兼全國海岸巡防處處長許繼祥呈報派員帶領英員勘明東沙羣島情形，附呈島圖景片案，原呈略云：『竊東沙島在香港偏東五十六度，海圖方位東經一百十六度四十三分，北緯二十四度四十二分，孤懸海外，其最近者至香港計一六二海浬。該島屬於何國，按萬國公法，以島中原住之人係何國籍爲斷。宣統二年，有人報告官吏謂該島爲中國漁夫居留地，有廟宇內供佛像，並立碑記爲憑。嗣後日人西澤等侵入該島，豎立明治四十年木橋，搬運燐質，並以漁輪擾我瓊島之產，當經粤省派員履勘交涉，公認該島實屬中國領土，而日人已在島建築碼頭鐵道廠屋，經粵省擔認二十萬金，資遣日人離去。經英政府轉知派英海軍砲艦密訥蘭號前往，由局派海軍中校江寶容等同往。據江等呈稱二十六日晨八時行抵東沙島，拋錨處離島一海浬半，水深二托，用舢舨登陸詳察，瞥見島中有日本人及臺灣人約三十名，係捕魚為業，有日本漁船一艘，據稱每年十一月間由臺灣艤舟到此，打撈海產，六七月間回臺，並稱七月之颶風當令，海風吹浪，衝入島面，實難捕漁等語。……該島面積約一千七百餘畝，其最高處測量水平距離最高潮水面約十六尺……事關漁律，似應由農商部就領海界經緯度所在之處，援照各國護漁通則酌量擴充，通知沿海各省，並諭禁他國漁艇越界捕魚，經此明文規定後，本國軍部之艦船得於漁汛時巡行界線，執行禁阻，擬請咨行農商部核辦，以保漁利云。』自後，以國內政局不寧，仍無注意開發海外島嶼者。迄十九年各國在香港舉行氣象臺長會議，當經決定請中國在西沙羣島設立氣象臺，以便在颶風季節，報告船舶，但吾國雖經接收此項議案，但仍無法積極進行。至民國二十一年法外部忽致節略與吾駐法使館，謂據安南歷史，在嘉、隆之時代，曾於該島建塔及石碑，依法當為管轄該島之證，經外部援引中、法續議越南界務專條，以及清宣統二年李準巡視該島，曾宣告中外該島爲吾領海之語，以相駁詰，此事始暫告結束。

民國二十二年四月七日至十二日法國據有南海九小島，至七月十四日，始稍洩於外，乃於二十五日宣佈正式佔領。哈瓦斯通訊社巴黎電：法政府於一九三〇年四月十三日曾佔取九小島中較大之 Spratly 島。九島面積，合計不足半平方哩。自法政府公佈佔領以來，吾國各方大爲震驚，蓋此數島本有我國漁民前往在該處捕魚，今法人突然宣佈佔領，其形跡殊無異於侵略。同時日人方面，又盛播各島早爲日商所發見之消息，表示與法方攘奪之決心。法方初不欲此事之引動國際注意，謂九島之佔領，僅爲航行上之便利計，絕無帝國主義之意味。然而無論如何，此數小島之佔領，已引起國際間之密切注意矣。

自此項消息在報端公佈後，國人極爲憤慨，有各公團各漁業團體及瓊崖旅京同鄉會等請政府據理力爭，當時西南政治分會開會議決：（一）將九小島在粵版圖之位置形勢及經緯度證據等詳電國府，請據理向法嚴重抗爭，務保領土完整。（二）此案文件之搜集與安置九島吾國漁民，令粵省府會同甘介侯籌議。（三）並向駐粵法領提出抗議。同時海軍部則派船前往切實調查，外部亦蒐集各項材料，準備嚴重抗議。

第三節　外輪侵漁之史實與政府對策

中國海之水溫、水質、深度、海流等，均適合於近代漁場之條件。但我國於漁業，向所忽視，人民視海洋爲畏途，縱有捕魚者，亦僅爲沿海居民駕小艇於沿岸撈捕，從未有遠涉重洋而從事斯業者，大好寶藏，任其棄置於海洋，自不免引起外人之垂涎。清末，德人以膠州灣爲根據地，行駛漁輪於吾領海內試行侵漁。張季直等乃聯奏清廷，以巨款將該漁輪收買並制止德人此後不得再以漁輪在吾領海內捕魚。此爲外人漁輪侵漁之始。繼則有日本漁船在吾國領海內侵漁。

日本自明治三十八年輪船拖網傳入後，因與沿海漁業發生重大衝突，乃於一九一一年制定取締規則，劃定禁漁區域，卽劃定日本沿海之一定區域內，不准漁輪曳網捕魚，於是此種漁業不得不向遠方探索漁場。一九一四年又擴大禁漁區域，其捕魚地點，不得在「東經一百三十度以東」朝鮮沿岸禁止區域以內，」無形中卽以渤海、黃海爲其漁輪捕魚之唯一區域。一九一七年改正汽船曳網漁業取締規則，規定船數爲七十隻，新造船須在二百噸以上，速率十一浬，續航力二千浬以上。一九二四年又改正該漁業取締規則，對內地及黃、渤、東各海以外之海面不適用七十隻之限定，卽該規則認出漁於中國南海之漁船不加以限定。

此外手繰網漁輪在日本近年更爲發達，竟達四千四百五十二艘，總噸數爲八萬一千三百十四噸。同樣以與沿海漁業發生衝突之故，致有主張廢棄手繰網之議，日本當局乃極力奬勵手繰網向外發展，而我國沿海亦遂幾成爲其獨占之漁區。可知日人之侵漁除地理的及經濟的以外，尙有其政治勢力的策動。至於漁業調查亦均可視作侵漁之先鋒隊，茲將日人在華北、華南、華中三處侵漁之實例及政府與日人之侵漁交涉及取締方法分述如下：

（一）日人在華北華中華南侵漁之實例

（甲）日本在我華北侵漁之概況　華北與日本相距甚近，自旅、大租於日本，日人卽在關東州設水產試驗場，凡調查、試驗、販賣以及出漁黃渤兩海等各項漁業經營及組織，均以關東州爲根據自民國三年間，日人佔據青島以後，卽有多數日人麕集青島捕魚。當由日軍司令部制定組合規則，先後補助津貼二萬元。一面由日商中正、正樹等籌資本約四萬元在小港附近設置魚市場及金融組合，幷以華人多名專充經紀人，司拍賣、叫價、販運等事，青島遂亦爲日人侵漁之根據地。及青島收還以後，曾由我國商民另組水產公司及漁業聯合會等力謀抵抗之策，卒以經理不得其人，以致營業失敗。至官廳方面，亦先後訂有取締漁業及納照費並徵收漁稅等規則，嗣以長官迭更，地方多事，多未施行，致轉以日輪爲本口船，可以自由出入青島港，華輪爲外口船，須照章報稅，已成反賓爲主之勢。迨青島市政府成立，亦經迭與日方作非正式之交涉，而日人恆以既得權爲藉口，謂應按魯案協定附件第二條既得權之規定，須雙方謀適當淸釐之法。嗣後以政局時有更迭，未獲切實進行。至民國二十年間，財政部取締外國漁輪侵略之令既下，一時我國商民興奮異常，立集巨資組織漁業公司，兼設立魚市場，辦理販賣一切水產物品及漁業貸借事項。當時市政府亦積極協助，凡華人之充日人水產組合之經紀人者，全部退出該水產組合，對於魚販嘗間接施以取締，日人幾束手無策，羣以爲無望，準備結束。適財政部又有五月三十日發出暫緩實行之電，日人勢力重復穩定。繼以九一八事起，形勢突變，官府專注力於地方治安之維持，未遑顧問漁業。而華北漁業乃仍歸諸日人之手中。

（乙）日本在我華中區侵漁概況　上海爲全國漁業經濟之中心，國產鮮魚大都在上海散集，其外則有江浙沿海最優良之漁場，故日人之欲以上海爲華中區侵漁之根據地，固念茲在茲。十七年間曾派長崎海產株式會社漁業部長加籐到上海活動，使奸商出面頂替。又有橫濱水族館長平田包定到上海，擬籌設水族館，並從事華中區侵漁計劃，以及上海水產經濟之調查。其進出上海之日本漁輪則均規定進出口日期，以便輪流侵捕，運回上海低價出售。

民國十七年後直至二十年，成隊日漁輪由兵艦率領並保護之下，在我臨洪口及長江口外一帶漁場侵捕。二十一年七月民國日報載：「茲以日本手繰網漁輪一項至上海侵漁情形而論，則以民十七年至二十年七月間爲最猖獗，計有漁輪三十八艘，如第七第八博通丸，第八第十大秀丸，第十五十六博通丸，第三千島丸第二朝日丸，第一第二大成丸，第二猛丸，第一第二大浙丸，第一第二滿千丸，第一第二周仿丸，第一第二統洋丸，第一第二惠比壽丸，第十一十二平漁丸，第十第十一大成丸，第一第二加茂千丸，第六平漁丸，第十第十一明玄丸，第五第六大鷗丸，第七第八大成丸，第一第二竹丸、西風丸等。最少時計有十四艘，平均每月二十八艘。以最少數計每年每艘魚值三萬元計，則每年被侵損失八十四萬元，計民國十九年一年中日漁輪侵入上海者有一百七十二次，民二十年至六月止進口者五十餘次……」足證當時日漁輪在滬跋扈之一般。嗣經各有關學術團體機關之竭力呼籲，請當局予以制止，並由當局制定取締條例後，日漁輪之進口漸見減少。九一八事變後，則多改頭換面運滬，或勾結奸商在吳淞口白龍港等處，將所獲之魚過船運入，亦有直往青島大連改裝運滬，一轉手間，仇魚卽變爲國產魚類矣。

日本既以漁獲物經過奸商之手而暢銷於國內，且故抑其價，使其遠較國內市場魚價爲低，致國內魚市遂大受打擊，而漁業者皆賠累不堪，漁民更無法謀生，茲將當時報上所載摘錄一二如下：

「……當日寧波等地國產桶頭貨，每擔售價總在十六元左右，而該鴞丸運進之魚，僅開價十元至十二元，致本國漁商大受影響……」（二十一年十二月三日）。

「……日本漁輪萬一丸進口，將其一百六十餘擔之小黃魚、鮸、鰳、鰻等，削價傾銷，以致魚價大落，如小黃魚一項，前晨每擔爲三十一元，昨晨開價二十六元一擔，但結果售價爲每擔十五元……

……」（二十三年二月二十一日申報）

「……在吾國江浙洋面馬鞍山羣島之附近海礁洋面所捕捉者，每擔祇售十五元，較之以前之價差至一倍以上……」（二十三年二月二十二日）

故我國年來沿海漁業的衰落此實爲其最大之原因。

（丙）日本在我華南侵漁之概況　日本侵略華南漁業之根據地有二：一爲臺灣，一爲香港。臺灣自日管以後，在臺灣總督府內卽設有水產課管理漁業，福建沿海漁業時遭蹂躪。旋又在臺灣設立蓬萊漁業公司，而臺灣遂爲侵略華南漁業之大本營。香港自英管以後，香港政府以保護香港漁民生活爲目的，除中國人外本不許任何國人捕魚，一九一八年時，日本人松尾，藉用中國人名義，經營沿岸漁業，但因種種關係，收支不能相償而中止。至一九二五年因中英經濟絕交，香港政府感於食糧缺乏，當時日本總領事乘此機會，向港政府磋商，以供給食糧爲條件，取得在香港經營發動機船漁業之權，但以十隻爲限，故日本之得以香港爲漁業根據地爲一九二五年以後之事。其後設立於臺灣之蓬萊漁業公司添設分公司於香港。一九二六年二月胡奏禮、盛利及日人小畑，等相商創立南華漁業公司，資本一萬元。其營業項目爲：

（1）林兼商店及日耆漁業株式會社使漁船出漁於香港，依契約價額收買其漁獲物。

（2）一般漁船之漁獲物之買賣。

（3）一般船用品必需品之供給。

（4）其他附屬於以前各項之業務。

然以日本漁船至香港出漁甚遲，又以漁場不熟，漁獲成績不佳，至昭和二年解散。

同年八月澳門聯益漁務公行與廣東其興洋行日人杉山氏創設富美漁業公司於澳門，一九二七年，日人濱田氏至香港初與澳門聯益漁務公行等聯合，旋以糾紛解散。一九二八年設立濱田漁業商會於香港灣仔，又濱田、荻野、星野、竹崎等設立亞細亞漁業會社，與富美漁業公司聯絡，或直接從事漁撈，或僅爲漁獲物之販賣及漁獲用品之供給，以爲補助之機關，日本漁船遂出沒於閩粵沿海及海南島、東京灣、西沙羣島等處。

（二）政府取締外人侵漁之經過

自德漁輪侵漁，經由張季直奏請清廷收買後，卽寢其事。日人自清季以來，北自大連，南自臺灣，已開始策動。民國三年日佔青島後，更形活躍。民國十三年五月間，山東沿海一帶日本漁船滿先丸等四十餘艘，帆船七八十艘先後在蓬萊、黃縣、岠峿島、掖縣、石虎嘴等處捕魚，並將吾國漁人之網繩鈎線拖拉毁損殆盡。當時經由渤海艦隊派砲艦二艘追逐，捕獲日船二艘，交由日領署警察簽字領回。同時外交部亦照會駐京日使及電駐日我國公使向日政府交涉，然日政府始終以此種漁船係在公海捕魚，並未侵入中國領海爲詞，卒無結果。直至民國十八、九年間，日漁輪侵漁日益猖獗，山東、廣東、青島、上海等地方政府，以迭接漁民呈報，形勢日益嚴重，紛電國府嚴重交涉，上海有海員總會、水產學校同學會、上海市商會、江浙漁業公會、漁輪業公會及各魚商團體等亦聯合分呈國民政府、實業部等請求禁止日漁輪侵漁。青島市政府第三科亦擬呈辦法三項，雖曾爲一度之努力，然終以環境之惡劣而失敗。上海市立漁業指導所復奉市府令邀集中華海員總會、海岸巡防處、江蘇省立漁業試驗場、江海關監督公署、吳淞水產學校等機關開會籌議取締辦法，決議辦法七項，分別呈請施行。

二十年三月由財政部長孔祥熙提案國府會議，詳陳取締日輪侵漁有效辦法。爲取締外人侵漁之最重要之史實，茲照錄如下：

「爲提議事，查江浙附近海面時有日本漁船往來捕魚，並以上海爲漁船停泊及漁獲物銷售之地，迭准浙江省政府咨商，並據漁業團體呈請設法制止。職部以爲日本大批漁船在我國海面肆行捕魚，我國漁民難與競爭，影響漁業固不爲小，而該漁船停泊上海，儼然以我國領土爲其漁港，侵害主權關係尤大。前據上海市商會電請前工商部設法救濟，經職部召集關係部會會商辦法，當時議決以規定領海一案前奉國府密令俟大局定後再議。現大局已定，應繼續前案進行，會同呈請鈞院核辦在案。惟漁船捕魚遠在領海之外，若爲防止外船侵漁，僅恃劃定領海，仍屬無濟於事。因領海界綫學說不一，而普通均以國境最外島嶼低潮水推出三海浬爲準，在此近岸範圍內魚類極少，吾國舊式漁船遠在四五十海浬至數百海浬捕魚，亦即任何國船可以入漁之處，故必顧全到領海附近我國漁船常到之公海，方可收效。又財部爲防止走私起見，曾經呈准鈞院禁止百噸以下之船，航行吾國口岸與外洋之間，前項日本漁船均在禁止之列，雖經日使館請求除外，財政部尚未允許。設此種禁令行之有效，日本現泊上海之漁船均在百噸以下，仍可藉令退出。惟查日本長崎、門司尚有英式拖網漁船大自二百噸至三百噸左右，將來難保不此去彼來，若僅持關章，實不足以防制於永久，茲爲根本解決此案，計擬具辦法二端：

（一）由外交部向日使館嚴重抗議，根據中日並未締結漁業條約，案照國際通例，日本漁船不得以中國領海港爲漁業根據地，已來各漁輪，應卽限期退出國境。

（說明）查通商航海，雖爲國際間普通之例，而尙須訂立專約，至漁業一項，則與內河航行內地設廠等，實爲強國壓迫弱國之不平等條約，從前日韓曾訂有此約，允許漁船自由出入朝鮮口岸。今中日兩國對於漁業一項並未訂約，是日本漁船不問其是否在中國領海侵漁，絕對無駛入中國口岸之權，更無以我國領港爲根據地之權。又日本漁船之俄領沿海州及英租借時之威海衞，亦曾經俄英兩國允許停泊，但均係訂有租約，領有執照，而日俄因沿海州漁約，現正發生重大糾紛。今江浙海面之日本漁船出入上海港，並無上項協約關係，對日使抗議理由至爲充實。且查各國保護本國漁業，均採消極方法，領海限制既屬無效，故均以拒絕外國漁船登岸，使之無從補充給養，無處避風，若駛回本國則經濟時間兩不合算，陷於事實上不可能而止，此爲防止日船侵漁之根本辦法也。

（二）由財政部嚴飭海關，此後凡非由正式商船確從外國口岸運來之鹽鮮魚類而有提單足資證明者，不得視爲商品，一概禁止報關起岸。

（說明）查兩國通商，甲國物品輸入乙國，當然由正式商船運送，在甲國有出口商號，乙國有收受商號，並有提單，方可持向海關報稅提貨，乃屬一定之手續，魚類亦商品之一，不能例外。如我國海關對於入口鹽鮮魚類，非有提單證明者不許起岸，則來路不明之魚，自無從混入，而漁船亦不能冒充商船，此亦防止日船侵漁之根本辦法也。

以上二端如果施行，則江浙海面及上海停泊之日本漁船均可退去，其他如閩、粵、魯、遼諸省口岸侵漁日船，皆可隨時查明，一律辦理，以保主權而維漁業，是否有當，謹請公決！

提議人實業部長孔祥熙」

當經決議交實業、財政、海軍三部審查辦理，後經第十四次國務會議通過，乃於三月二十八日由國府命令豁免漁稅，以減輕本國漁民負擔。同年五月公佈領海界綫及海關緝私界綫，並由財政部令飭海關禁止百噸以下之外籍小輪進口，如其進口，照輸入貨品稅率納稅，因此每擔鮮魚約需納稅四元半。自此規定以後，日本在我國沿海侵漁之船，均束手無策，預備結束歸國。同時日公使奔走京滬等處，向我政府強硬交涉，卒以財政部五月三十日應暫緩期實行一電，外人侵漁形勢，重復穩定，而我國漁業，亦始終在外人勢力壓迫之下，而莫由自拔。

第九章　漁鹽之重要與各省漁鹽秤放之史實

第一節　概述

（一）鹽與漁業之關係

鹽亦爲水產品之一種，與漁有極密切之關係。緣魚介類含有多量水分，較諸陸地食物容易腐敗，而漁撈者出海作業，往返均需時日，若欲保持其免於腐敗，則鹽藏爲最經濟最簡捷之方法。

鹽爲鹽藏成分中之主要原料，其效用在於其所含之化學成分能滲透入魚體，使魚肉纖維發生收斂作用，而緊縮壓出其水分，此種作用，即稱之謂「脫水作用，」能使魚體堅實，細菌難以侵入，而達到其防腐及保藏之功效。醃製魚類之用鹽，普通均須百分之二十以上，因鹽溶液之濃度愈高，則愈能阻止魚體之酸化作用，間接亦即防止腐敗菌在魚體上之發育，故如用鹽較少，因其防腐能力之薄弱，卽不足以制止細菌之增殖，難保其鹽藏品之良好也。今將醃魚之用鹽量及用鹽量多少之防腐效力列表如左：

魚類醃製之用鹽量及防腐作用比較表

用鹽量	防腐效力
〇·〇二	無效
〇·〇五——〇·〇八	稍可防腐
〇·一〇——〇·一五	可妨礙細菌之發育
〇·二〇	足以制止細菌之發育

主要魚類醃製用鹽量

魚類	用鹽量
大黃魚	〇·二〇——〇·三〇
小黃魚	〇·二〇——〇·三〇

帶魚	〇・三〇
考鯗	〇・三〇——〇・四〇
馬鮫魚	〇・三〇——〇・三〇
鮭鰟	〇・二〇
烏賊內臟	〇・五〇
對蝦	〇・一五——〇・二〇

（二）漁鹽稅率

吾國食鹽稅率，以蘇魯二省言，每市擔最高七元二角，最低二元六角。若邊疆各省，更有高至十二三元者。緣食鹽一項爲人生所必需，於是因各地產量及交通情形之不同，而規定其稅率之高低。若折合其成本，每市擔僅二三角左右，於此可見其稅率之高，實爲各項之冠。但鹽之在漁業上重要既如上述，於是政府爲維護漁業計，減輕漁民負擔計，特規定漁業用鹽稅率，每市擔不過二角至三角，與食鹽稅兩相比較，實相懸殊，今將各地漁鹽稅率列表如左：

今再將財政部公布之漁業用鹽章程錄之如左:

地名	正稅 場稅	正稅 岸稅	中央附加稅	外債附加稅	地方附加稅	合計
長蘆	○•五○					○•五○
山東區	○•二○					○•三○
淮北區	○•二○					○•二○
松江區	○•二○					○•二○
淮南區	○•二○					○•二○
	○•一三五					○•一三五
	○•二三五					○•二三五
兩浙區	○•一五○					○•一五○
	○•二○○					○•二○○
福建	○•五五					○•五五
廣東	○•二○					○•二○

漁業用鹽章程

第一條　凡依漁業法登記之漁業人，因醃製漁獲物購用鹽斤，得適用本章程之規定。

第二條　凡依本章程發放之鹽，其稅率每百斤（鹽務法定秤）不得過二角。

本章程施行前，各區漁鹽稅率，有在二角以上者，應由該管鹽務長官呈請財政部分期核減之。

第三條　依本章程發放之鹽，經財政部認爲必要時，得變其味或變其色。

前項變味、變色辦法，另訂之。

第四條　……（以下見「蘇魯沿海漁鹽之調查」第十一頁）

（三）漁鹽之變色及變味之經過

因食鹽稅率與漁鹽稅率相差之懸殊，漁民領用漁鹽後，難免不有充銷食鹽之弊，於是爲緝私及防止上便利計，乃有變色變味之發動。關於漁鹽變色變味之歷史，初於民國二十一年春，小黃魚汛時，南通如皋各縣配鹽捕魚，在歸航中遇緝私人員查驗時，每因剩餘漁鹽之多寡，而發生糾紛，此種糾紛，殊不易判別雙方是非，抑漁民營私或爲稅警需索，於是南通漁業指導員，乃主張實行漁鹽變性辦法，並製成變性鹽樣品數種，由實業廳轉呈財實兩部，並經中央衞生試驗所化驗，認爲不含毒質，對於衞生無礙。但財實兩部，總以事屬創舉，萬一考慮未周，卽予實行，難免不生障礙。乃通令徵求各方意見，並召集漁鹽二界人員開會討論，結果認爲此種辦法，尙須研究。迨民國二十二年，財實兩部根據議案派員五人赴定海假水產品製造廠實地試驗，爲時約一月，所試驗魚類以產量最多而供普通食用之大黃魚、小黃魚、鰳魚、帶魚、馬鮫魚、鯧魚、鰻魚、烏賊、蟹爲主體，試驗結果，有價值過昂，難期實行者，有配合複雜，不易運用者，有易使魚肉染色，影響製品者，其中以紅麯及木炭二種變色鹽，弊端較少，且成本低廉，方法簡便，堪定爲標準變色鹽。乃將此項研究試驗結果連同各項標本表册等，分別報告財實兩部，實業部據報後，以事關衞生，又將變製漁鹽所醃製之魚類標本等函衞生署轉飭中央衞生試驗場化驗有無含有毒質等情，嗣經財實兩部數度開會商討，決會設漁鹽實驗區委員會，地點擇定青島，從事變色、變味漁鹽之試驗，並研究漁鹽管理及推行辦法，試驗期定以兩年，於民國二十四年十月三十日正式成立，據該會最近報告，以紅上變色鹽最合標準，魚粉變味鹽次之，至於管理及推行方法，正在積極研究中，此卽漁鹽變製之經過情形也。今再將財政部漁業用鹽變色變味辦法附錄如左：

（一）本辦法爲便於區別漁業用鹽與食鹽免致混淆易於查驗起見，凡購用漁業用鹽者，特變其腥味及顏色，但以不含有毒色，無礙於衛生及醃製物者爲限。

（二）凡變性鹽所用之原料品，以同於漁獲物臭味者爲限，變色所用之原料品，以同於漁獲物臭味者爲主。

（三）凡變腥味或色所用之原料品，應由各該鹽務長官，依左列事項呈報財政部鹽務署核准。

（甲）原料品名目；

（乙）來源及價格；

（丙）每鹽一擔應用各種原料品之分量；

（丁）變味或變色之辦法；

（戊）變味或變色後，其鹽斤有何種之臭味或顏色。

（四）凡漁業用鹽之變性或色，應由該管鹽務機關，派員監視售鹽人執行之。
（五）每擔漁業用鹽應需變腥味或色之費用，得由售鹽人加入鹽本之內。
（六）凡已經核定變腥味或色所用之原料品，遇必要變更時，得由售鹽人呈該管鹽務機關轉呈財政部鹽務署核准後，改用其他物品。
（七）關於其他辦理變腥味或變色之手續，得由各該鹽務長官斟酌當地鹽務情形，另行擬定，呈請財政部核准施行。

第二節　各省漁鹽配給與漁鹽稅收之史實

關於吾國漁鹽運銷情形，茲就沿海各省分別述之如左：

（1）廣東省　粵省漁民購用漁鹽，向無限制，可於漁船出海捕魚時，就沿海各埠配購鹽觔，故對於緝私事務，殊感棘手。於淸光緒三十一年，特定以發票征餉，須購用漁鹽於政府，以稍盡納稅之義務。規定將漁船分等，一等船可領鹽九千觔，二等船七千觔，三等船四千觔，四等船五百觔，五等船四百觔，六等船三百觔。嗣於宣統三年，再變更爲長五丈以上者爲頭等船，准配鹽六千觔，抽稅二十四兩，四丈以上爲二等船，可配鹽五千觔，抽稅十八兩，三丈以上爲三等船，准配鹽三千觔，抽稅十二兩，二丈五尺爲四等船，准配鹽五百觔，稅十兩，二丈以上爲五等，准配鹽四百觔，稅八兩，一丈五尺以上爲六等，准配鹽三百觔，稅六兩。另有料船者，乃收買魚類後施行醃製，非直接從事漁撈者，此種船依上列規定征稅餉之雙倍，名曰雙票，以一年爲期，期滿繳納換票，每年每船可購鹽十次。民國改元，仍依向例，惟稅銀則改爲元，辦法由各地鹽務局卡就近征收及領票，惟漁戶領票，須具鋪保，如有不符情形，一經查出，卽予罰款及沒收之處分。至民國十一年兩廣鹽運使署，雖頒行改訂征收漁鹽稅章程，漁鹽稅率每百觔征收大洋三角五分，幷分設漁區辦理運銷漁鹽事，並委託漁船區董按章承發漁船照代收照費，並兼辦運送漁鹽料船赴場配鹽，接濟漁船各辦法，但忽逢政變，未及頒布實施，仍循舊例。十五年四月，修正粵省漁鹽章程，將漁料票改爲漁船用鹽憑證及料船用鹽憑證，所有征費稅率，仍分六等，暫照舊章辦理，除委託魚欄代征稅款，給予五釐佣金外，其餘各機關代征者，均須十足批解。十八年五月恢復兩廣鹽運使署，一切多依舊例。至二十一年三月，因購置緝私艦及砲艦之用，特規定將漁料船用鹽憑證，加倍征收，以收有成數爲止。

（2）福建　閩省漁民用鹽，於清末均購用每百斤價值四角之私鹽，不納課稅，官廳爲抵補此項損失計，特設漁配局於琯江，專配凡未購用課鹽之進口鹽藏品，每百斤配鹽以三十斤計算約一角二分。民初即將漁配局撤銷，於各島嶼設漁鹽局，由官方專賣，每百斤售價自一元五角起三元二角止。民國七年，改爲自由商制度，漁鹽稅率每百斤改爲四角，由各島漁民組成漁團，推舉經理辦理漁鹽運銷事宜，惟事先須將各該島需要漁鹽數量呈報，經查明屬實後，即核定各該島漁民每年用鹽額數，着令該漁團分期繳納稅銀，請領准單，持赴指定鹽場，請放鹽斤，運往各島銷售，每百斤漁鹽之價值，合鹽本運費滷耗等，約爲一元五角。民十一，省局政變，漁鹽爲駐閩海軍截留，招商承包，以漁鹽稅充餉糈，此時每百斤售價爲三元左右。民十三，軍人干涉鹽政，由福建督辦公署委設福建鹽務善後處，沿海島嶼採包商制度，設漁鹽總局，提高稅率，每擔爲二元，每百斤售價五元。十五年冬，國民革命軍入閩，將鹽政改革，設福建鹽務處，減低漁鹽售價，每百斤爲四元一角。至民國十七年冬，又規定官方專賣及包商專賣二項辦法，擇地施行，每百斤售價減爲三元二角，內分正稅五角、附稅五角五分、營運費五角、鹽本儎耗一元一角、辦公費五角五分，此乃原定售價之分析；現行閩省漁鹽售價，雖較各省爲高，但緝私糾紛之發生尙少。

（3）浙江　浙屬配放漁鹽，計有岱山、定海、玉泉、北監、南監五場暨台屬海門、溫屬坎盤及鎭下關三區，尤以岱山所放爲最多。岱山所放漁鹽分魚廠、魚船、魚駁船三種，魚廠分甲乙丙丁四級，甲等廠應年認額二百二十擔，乙等廠一百八十擔，丙等廠一百擔，丁等廠六十擔，醃魚用鹽以百分之三十之用鹽量爲標準，漁船由運使署刊印漁鹽登記摺及購鹽執照發交秤放局查明頒給，幷編號註册，漁民憑摺完稅，請領漁鹽准單，備價向曬戶購鹽，由秤放局秤放，運駁船乃由岱山裝運漁鹽至黃龍、泗礁等處銷售者，此項貨船，亦須經運署編號註册。定海場發放漁鹽，其數量及期限之長短，均視船之大小及種別而各異。玉泉場配放漁鹽在鹽倉前及爵溪兩處，凡醃魚用鹽均由各漁鹽廠在埠設分銷處，隨時配放，其所配漁鹽，每船以三五擔者爲多。北監場向以漁鹽爲大宗，年銷鹽額規定爲十萬擔，銷地以坎門、三盤、雞冠山爲中心。南監則由甌鹽公所派駐南北麂漁鹽分銷處配銷。台屬漁鹽以海門區爲最多，但每年亦僅三千擔左右。至於浙鹽之售價，除正稅三角及鹽本運費外，別無其他費項，故漁鹽之高低，亦隨場價而上下，無一定標準。

（4）江蘇省　江蘇之漁鹽運銷，可分爲松江、淮南、淮北三區。松江區鹽場大部在長江口以南，漁船購鹽，在昔取締較寬，近十年來，爲防止走私，取締日臻嚴密，現各漁船領鹽手續，均請漁會或漁行代辦，先依照漁鹽章程呈遞呈請書保證書，經該管鹽務機關勘驗相符後，轉呈松江運副使查核，准予註册編號，發給鹽執照及清摺，漁船即可持照向山東或淮北購鹽。淮南區鹽場，自民國以後，疊經裁併，現所存者，僅餘中、豐掘、安梁、草堰、伍佑、新興六場，漁民領鹽手續，先遞呈請書後，如認爲符合，即發給購鹽執照及清摺，漁民即可持摺至秤放局繳納鹽稅，每擔二元，秤放局給以准單，憑單可向各場購鹽，鹽價每擔自二元二角至三元不等，本區漁鹽，多銷於本區經營近海漁業之小漁船，計每年發放數在萬擔左右。淮北區以前僅有鹽場三，曰板浦、中正、臨興。淸季增設濟南一場，民國二十二年，以山東之濤雒劃歸管理，乃將臨興與濤雒合併，稱爲濤靑場。購鹽手續分陸上漁鹽海上漁鹽二種。海上漁鹽先具呈請書及保證書，經鹽務機關審核無異，卽派員上船查驗網具，丈量船艙，計算容量，予以註册，發給漁船牌號，收回製價一角二分半，魚鹽摺一，收回製價一角四分，並將核定該船應放漁鹽數目，在清摺上註明，漁民即可持摺購鹽，購時先繳清鹽稅，濟南、中正、板浦三場，每擔徵稅二角，濤青場每擔徵稅二角，由收稅員給予准單，即可至公司或鹽店交付鹽價，秤放漁鹽，同時將數量由秤放員記載於清摺上。陸地漁鹽呈請手續同，惟領鹽時，因醃魚戶往返不便，故每一漁村，可推一代表前往領鹽，押運回村。鹽稅每擔一元，鹽稅各處不同，自四角至七角。淮北放漁鹽地點共二十四處，每年所放數量，陸上漁鹽約四萬擔，海上漁鹽約二萬擔，共六萬擔左右。

（5）山東區　山東產鹽區廣大，價格低廉，且運銷亦因交通發達而感便利。外海漁業之用鹽者，以黃花魚爲最多，鰳魚次之，近海漁業之用鹽者，爲蝦蟹之類。該區以前請領漁鹽手續甚爲簡單，漁民捕魚醃製一聽自由，在漁業方面言，至屬便利。自民國二十二年起，山東運使署對於海陸漁鹽，亦仿照江蘇三區辦法，須先行呈請註册領照，方能購鹽，以示限制。本區產鹽區有八，爲王官、永利、濤雒、青島、萊州、威寧、金口、石島，其中濤雒已劃歸淮北，現存七場。陸地醃魚用鹽量規定每魚百斤至多不得超過百分之三十五，海上醃製鮮魚用鹽量不得超過百分之四十，海上發放漁鹽一次不得超過全船容量三分之一，全年不得超過全船容量之二倍，惟迨至醃妥，運銷出口時，因恐腐朽，特准灑蓋漁鹽若干，其標準量春季爲百分之八，伏汛爲百分之十五，秋季爲百分之八。本區共有登記漁船三二六八艘，陸上魚行魚棚九五二家，全年產鹽約八百萬擔左右。

（6）河北　河北鹽務歸長蘆區管轄，初無一定課稅，漁民醃魚用土鹽。至清末光緒二十一年，始飭漁戶購用官鹽，招商運銷。迨民國二年改官辦，因濟民、東沽二處鹽質最劣，故規定專爲漁民醃魚之用。民三四年起，領售漁鹽，須先行納稅，方准起運。民五裁撤濟民灘鹽，所需漁鹽歸併大清河魚鹽局發售，並裁塘沽漁鹽局，添設東沽漁鹽局，旋又裁撤。民七於大莊河設漁鹽局，民十二仍歸大清河豐財漁鹽總局，設在塘沽；於北塘、神堂、祁口、徐堡、東沽等處，設立分局，未幾徐堡、東沽二局先後裁撤，而豐財漁鹽總局，亦於民十七移於天津稽核分所內，改稱爲漁鹽組。民二十四又將該組移設於漢沽、蘆台灘坨處內，陸上漁戶領鹽應先呈請領鹽數量，連同本人相片及具兩家連環鋪保，呈繳各該管漁鹽分局請領摺照，經局方查明屬實，卽呈報核發，同時發給鉛牌一面，寫明某號漁業人某，釘於該戶門首，海上漁戶領鹽手續亦同，漁鹽稅無論海陸漁鹽每擔均爲五角。現今關於漁鹽運銷事宜，自民國二十四年起由稽核分所與漢沽灘業公會訂立購辦漁鹽承運規則，責成該公會承運。

附錄　漁鹽之產量

沿海各場二十二年度鹽之產量與本價統計表

區別	場名	產鹽擔數	成本	場價
淮北	板浦	一、四七三、〇七八	〇·三五七	〇·六〇〇
	中正	二、七二四、九〇二	〇·三〇〇	〇·四五〇
	濟南	三、〇八七、七〇七	一·六二七	一·六〇七
	濤青	六九一、九九六	〇·三三〇	〇·四七〇
淮北	統計	八、二四七、六八三		
淮南	餘中	八九、四〇二		一·三九七
	安梁	七一五、三〇二	一·二八六	一·四四四
	豐掘	四三〇、七〇三	一·四七三	一·三九〇

區	場			
	草堰	二五五、二九七	一・四一三	一・五四五
	伍佑	一〇一、五二七	一・四三〇	一・五〇二
	新興	九一、三一四	一・七五九	一・四三八
淮南	統計	一、七八四、三四五		
松江	袁浦	二八二、五八三	〇・七三九	〇・八二七
兩浙	黃灣	七五、九九四	一・七二〇	一・七四〇
	鮑郎	三七、六〇九	一・二二四	一・二六〇
	蘆瀝	四二、四二六	一・一二五	一・一四二
	三江	一〇八、三〇一	一・六五〇	一・六七〇
	錢清	二四七、二四八	〇・五四〇	〇・八四〇
	清泉	二四、〇〇〇	一・四五〇	二・〇〇〇
	定海	一〇二、二八六	〇・八〇〇	〇・九〇〇
	岱山	五二二、一四六	〇・七九八	一・三七〇
	玉泉	九二、三六二	〇・七五〇	〇・七八七

區域	場名			
	餘姚	二、四二二、九七一	〇・五四〇	〇・八四〇
	黃巖	七七、〇九四	〇・九八三	一・一三〇
	長亭	二八、三八七	一・二八三	一・四〇〇
	雙穗	一八二、九一六	〇・九〇〇	一・〇〇〇
	長林	一五三、二二一	〇・四四四	〇・五八〇
	南監	五二、九四五	〇・八七五	一・一〇〇
	北監	一九六、四七二	〇・五〇四	〇・七三〇
兩浙統計		四、三六七、三五五		
福建	莆田	一二九、五四一	〇・三〇〇	〇・三三〇
	前下	二〇七、三七二	〇・二一〇	〇・二八五
	山腰	四三六、二三五	〇・二四〇	〇・三一〇
	詔安	四八二、七四七	〇・二二七	〇・二五〇
	蓮河	二六四、七九七	〇・二二五	〇・二九〇
	潯	一〇三、八五一	〇・二四五	〇・四六〇

福建統計		一、六二四、五五一		
兩廣	墩石	九九七、五九五	○・六二五	○・七○○
	碧甲	二○七、五四六	○・四八○	○・五八○
	大洲	二二九、八六五	○・二六○	○・三○○
	石橋	七二、八三三	○・三六○	○・四○○
	淡水	二三○、七五五	○・三五六	○・三七五
	海甲	四一、四一四	○・四六○	○・五三○
	小靖	四七、四一二	○・四二○	○・八五○
	電茂	一二三、三九六	○・二五○	○・四○○
	博茂	五七、八○二	○・三二○	○・三六○
	白石	二七五、五三六	生○・八五五 熟○・四○五	一・四五○ 二・一○○
	烏石	四○二、八五一	○・三六○	○・四○○
	雙恩	九四、二四五	一・三○○	一・三八○
	三亞	四六五、一○四	生○・八五五 熟三・五○○	一・三二○ 四・六○○

地區	站			
兩廣	海東	三五六、〇二七	〇·四四〇	〇·五二〇
	隆江	一四、〇五五	〇·四〇〇	〇·七〇六
	招河	九、三七五	〇·七二〇	〇·七五〇
	惠來	八二、四四三	〇·三三〇	〇·三九〇
兩廣統計		三、五八九、一六六		
山東	王官	一、〇一八、二六五	〇·一九九	〇·三一五
	永利	一〇八、二四四	〇·五二〇	〇·六〇〇
	金口	七四五、五六〇	〇·一四〇	〇·二八〇
	石島	一、四八一、四二五	〇·二〇四	〇·二三五
	萊州	三九二、一六二	〇·五九九	〇·七五〇
	威寧	七六〇、九五二	〇·二〇四	〇·二五〇
	膠澳	四、八五九、一六五	〇·二九〇	〇·五二五
山東統計		九、三六五、七七〇		

長蘆	蘆白	三、五七九、九三五	南溝○·二八一	○·三二〇
			北溝○·二七五	○·三二〇
	豐財	二、三二七、八三五	塘沽○·一五五	○·一三〇
			鄧沽○·二四八	○·二五〇
			新間○·三一五	○·三二〇
長蘆統計		五、九〇七、七七〇		

參考書

中文之部

中國漁業歷史——沈同芳著，宣統三年出版
中國古代社會研究——郭沫若著，現代書局出版，民國二十一年五版發行
食貨志略
太平御覽——卷九百三十五
養魚經——陶朱公著
廣東新語——屈大均著
張季子九錄——張謇
中華民國水產學會會報——中華民國水產學會出版，民國二十二年發行

河北省漁業誌——張元第著，河北水產專科學校發行，民國二十五年出版
中國海洋漁業現狀及其建設——李士豪著，商務印書館出版，民國二十五年發行
煙臺漁輪業　張寶樹著，河北水產專科學校出版，民國二十三年發行
最新水產學　鄧騰裕編著，集美高級水產航海學校出版，民國二十一年發行
中等水產學——周監殷、魚華仙編著，中華書局出版，民國十七年發行
中國建設月刊水產專號——中國建設委員會
農商公報（民國六年至十一年，又十四年至十五年）——農商部出版
農工公報（民國十六年至十七年）——農工部出版
農礦公報（民國十八年至十九年）——農礦部出版
廣東建設（第五卷第四、五期合刊）——廣東建設廳，民國十九年出版
廣東建設月刊（第一卷第六期）廣東建設廳，民國二十二年出版
江蘇省上海市改進漁業宣傳會紀念册——江蘇省上海市改進漁業宣傳會出版，民國二十

年印行

水產學報——（第一、二、三、四各期）河北水產專科學校，民國二十一年起

漁況——（民國十九年至二十一年）江蘇省立漁業試驗場

浙江省立水產科職業學校校刊第一期　民國十九年出版

江蘇省立水產學校校刊（油印件）——江蘇日報社

中國之水產貿易——屈若搴（載工商半月刊第六卷第七號）

中國水產貿易之檢討與批判——屈若搴（載中國經濟研究會月刊第三卷第十一期）

漁政史料（油印件）——實業部江浙區漁業改進委員會

水產——江蘇省立水產學校校友會

江蘇省漁業試驗場報告——江蘇省立水產學校校友會

上海市水產經濟月刊——上海市漁業指導所

中華民國統計提要——國民政府主計處統計局

中華民國經濟年鑑——實業部經濟年鑑編纂委員會

第一回中國年鑑——商務印書館

日文之部

日本水產史——日本農商務省水產局出版

支那漁業關係法規——（係附錄）

明治三十年上海總領事報告

支那年鑑第三回——大正七年

明治四十三年支那調查報告書

各領事館所在地清國調查報告——明治四十年

明治貿易誌

清國通漁誌

漁業考——荻野由之著，農業と水產社出版，昭和七年發行。

關東都督府水產試驗場要覽——關東都督府水產試驗場出版，大正二年發行

南洋に於ける水產業調查書——日本拓務省拓務局出版，昭和六年發行

南支那之水產業——臺灣總督府，大正十年發行

臺灣總督官房調查錄——大正十四年

日本經濟史概要——土屋喬雄著，岩波書店出版，昭和十一年三版發行

滿州經濟年報——滿鐵經濟調查會編，改造社版，昭和八年發行

關東州水產事情　關東州水產會出版，昭和五年十月發行

青島案內——前田七郎等編著，青島中山路博文堂書店發行，昭和七年版

跋

漁業一項，近年已漸受社會之注意。凡漁業現狀之調查，漁業金融之周轉，水產教育之普及，新式漁業之實施，種種計劃，均逐漸推行，已得相當之進步。惟於討論吾國漁業狀況，闡明水產學術之書籍，尚是寥若晨星；至於檢往視來之漁業史，則更無專書。從事水產業之同人，無不引爲憾事！

民國二十三年冬，余奉派赴日考察漁業，與李君士豪晤於東京。即承告以有志斯書之編著，因極力慫恿其早日從事，而李君以合作之人，未遽命筆。今夏李君遠道郵書，以合編相商。余自維譾劣，何敢率爾操管；且簿書旁午，亦何能安心寫作，祇以國中需要此書甚亟，而合作如李君者，實不易得，遂於火傘高張之際，竭一月之時間，揮汗作成初稿，郵請李君政可。其後函牘往返，商討再三，更定如今。明知此編成於倉卒，謬誤在所難免，而以出版者方面訂期已屆，遂予付印。至於補闕正誤與未及收入之材料，則擬將來更成一編補充之。茲因出版有日，故記其成書之本末，尚望海內通人專家，勿以其不備而加以譏訶，則幸甚矣。

民國二十五年年底若搴識於上海市漁業指導所

敬　啟

『專題史』叢書，乃民國時期出版的著名學者、專家在某一專題領域的學術成果。所收圖書絕大部分著作權已進入公有領域，但仍有極少圖書著作權還在保護期内，需按相關要求支付著作權人或繼承人報酬。因未能全部聯系到相關著作權人，請見到此説明者及時與河南人民出版社聯系。

聯系人　楊光
聯系電話　0371-65788063
2016年3月28日